YANNS

Un **rêve** en musique

Pour plus d'information :
www.lisez.com
Imprimé sur du papier issu de forêts gérées durablement.

Avec la collaboration de Julien Dupuis - BVCKSTAGE et la précieuse aide de Stéphane Saffrand.

ISBN : 978-2-412-101377
Code SIEL : S10137/01
Dépôt légal : mars 2025
Imprimé en France par Grafica Estella en janvier 2025

Directrice éditoriale : Marie-Anne Jost-Kotik
Responsable éditoriale : Cyrielle Londero-Gobry
Correction : La Machine à mots
Création de couverture et de mise en pages intérieure : Nikyta Madeira et Lisa Magano-Benziane
Adaptation de mise en pages intérieure : Jennifer Faisant
Photographies : © Studio 1995, © Noriya Le Roux, Photos d'archives, Droits réservés Yanns.

Éditions First, un département d'Édi8
92, avenue de France
75013 Paris
France
Tél. : 01 44 16 09 00
E-mail : firstinfo@efirst.com
Site Internet : www.editionsfirst.fr

YANNS

Un **rêve** en musique

FIRST
ÉDITIONS

Sommaire

Chers **fans**,

Je tiens à prendre un moment pour vous adresser un immense merci du fond du cœur. Depuis mes débuts, votre soutien n'a cessé de me porter et d'alimenter ma passion. Chaque message, chaque partage, chaque écoute de mes chansons me rappelle pourquoi je fais ce métier. Vous êtes la véritable source de mon énergie et de mon inspiration.

Dans ce livre, j'ai souhaité partager mon univers, où rêves et réalités se rencontrent, un endroit où la musique permet de s'évader et d'embrasser les émotions les plus profondes.

Je suis tellement reconnaissant que vous ayez accepté de faire partie de cette aventure avec moi. Ce parcours ne serait pas le même sans vous. Vous êtes bien plus que des auditeurs, vous êtes ma famille musicale, celle qui me soutient à chaque étape. Le chemin est encore long et plein de projets, mais, avec vous à mes côtés, je sais que tout est possible.

Merci pour votre amour, votre fidélité, et surtout merci de croire en ma musique. Je vous promets de continuer à vous offrir des morceaux qui viennent du cœur. Nous avons encore tellement de belles choses à vivre ensemble !

À très vite,

Yanns

Appelez-moi YANNS

Je m'appelle **Yanns**, et mes débuts dans la musique ont été tout sauf traditionnels.

Avant de me faire connaître sur la scène musicale, c'est en partageant mes morceaux sur des plateformes comme YouTube et SoundCloud que j'ai commencé à attirer l'attention. Comme beaucoup d'artistes aujourd'hui, j'ai utilisé les réseaux sociaux pour diffuser ma musique et me connecter avec mes premiers fans. C'est là que j'ai trouvé ma première communauté fidèle qui a soutenu mon travail dès le début.

Mes premiers succès sont arrivés avec des titres comme « Bébé » et « Mon chouchou ». Ces morceaux ont fait résonner mon nom dans l'univers de la musique urbaine en France et au Portugal, en Belgique, au Luxembourg, en Suisse, au Canada et au Maghreb. C'est à travers cette musique énergique et rythmée que j'ai pu toucher un public large et diversifié. Au fil du temps, j'ai continué à travailler sur mon style, mêlant des influences *reggaeton*, pop, et électro, tout en restant fidèle à mon désir de produire des sons accrocheurs et festifs.

En parallèle, j'ai appris à utiliser les réseaux sociaux pour créer un lien plus direct avec vous, mes fans. C'était un moyen de partager non seulement ma musique, mais aussi des moments de ma vie quotidienne, ce qui m'a permis de créer une relation authentique avec mon public qui me soutient.

Tout ça m'a conduit à sortir mon premier album *Bambino*, un projet qui marque un tournant dans ma carrière. Cet album est une synthèse de mes influences et de tout ce que j'ai voulu transmettre à travers mes chansons : un univers où l'on peut rêver, s'évader, et surtout vivre des émotions à travers la musique.

Ma carrière est encore jeune, mais je suis fier du chemin parcouru et de la connexion que j'ai pu créer avec vous. Et tout cela, je vous le dois, à vous mes fans, qui avez cru en moi dès le début.

Ma carte d'identité

Prénom : **Yannick**

Nom : **Schweitzer**

Nom d'artiste : **YANNS**

Date de naissance : **21 août 1988**

Lieu de naissance : **Metz (Moselle)**

Signe astrologique : **Lion**

Situation familiale : **Marié depuis le 24 août 2024 à Jade**

Enfants : **Jordana et Leão**

Mes réseaux sociaux

Instagram : **@yannsofficiel**
361 millions d'abonnés

TikTok : **@yannsofficiel**
2,9 millions d'abonnés

YouTube : **@yanns**
1,32 million d'abonnés

RECORD

Clip officiel de
« Clic clic pan pan »
sur YouTube

151 159 882 vues

Sortie le 10 déc. 2021

Mes records sur les plateformes de streaming

1 300 000 auditeurs par mois sur Spotify

Single de diamant avec le titre « Clic clic pan pan »

Single d'or avec le titre « Mon chouchou »

Disque d'or avec l'album *Pays des merveilles*

2,9 millions d'abonnés sur TikTok (Top 10 des artistes français les plus suivis sur TikTok)

361 000 abonnés sur Instagram

1,32 million d'abonnés sur YouTube

Lauréat W9 d'Or de la musique Révélation streaming de l'année 2022 avec « Clic clic pan pan »

Nommé NRJ Music Awards Révélation francophone de l'année 2022 avec « Clic clic pan pan »

Enfance et Adolescence entre passion & complexes

Quand j'étais enfant, j'étais toujours en mouvement, incapable de rester en place.

J'avais de gros problèmes de concentration. Aujourd'hui, on parle de troubles de l'attention et d'hyperactivité, mais à mon époque, ces termes étaient peu connus. Ça a été difficile pour moi, car le système scolaire n'était pas adapté à ce que je vivais.

Je n'ai jamais redoublé, non pas parce que mes résultats étaient brillants, mais parce que ce n'était pas une option envisageable. Mes profs disaient souvent à mes parents : « Yanns est intelligent, mais il ne travaille pas assez et ne tient pas en place. » Je tournais autour des 10/20 de moyenne. Pour moi, c'était une vraie galère.

En classe, je cumulais les problèmes d'autorité. Je bavardais tout le temps, je n'arrivais pas à me concentrer, et les journées étaient interminables. Pourtant, il y avait une chose que j'adorais : la récréation. Là, je pouvais jouer au foot, organiser des jeux, et surtout, draguer les filles. J'étais le plus populaire de la classe, toujours prêt à fédérer les autres et à mettre de l'ambiance.

Malgré les complexes liés à l'école, ces moments m'ont permis de trouver ma place autrement, de développer une forme de confiance en moi et de me construire. Aujourd'hui encore, cette énergie que j'avais dans la cour de récré, je la retrouve dans ma musique et dans mes interactions avec mon public.

21

Si **j'étais...**

UNE COULEUR : jeune, j'adorais le rouge, c'est moins vrai aujourd'hui. Je m'habille beaucoup en noir, mais j'aime aussi la couleur argent pour le côté brillant, bien sûr !

UNE FLEUR : une cattleya. Si, un jour, j'ai une deuxième fille, j'aimerais lui donner le nom de cette fleur.

UNE CHANSON : « L'encre de tes yeux » de Francis Cabrel

UN ANIMAL : un lion, comme mon signe astrologique

UN PAYS : le Portugal, évidemment !

UN VÊTEMENT : un jean. Je ne porte que ça !

UN FILM : *Les Trois Frères* avec les Inconnus. Mon classique de chez classique. Je connais toutes les répliques, et je ne m'en lasse jamais.

UNE SÉRIE : *La casa de papel*

UNE PÂTISSERIE : un éclair au chocolat

UN JEU DE SOCIÉTÉ : le Uno est le seul jeu auquel je joue

UN LIVRE : je déteste lire. Mais, vous mes fans : lisez mon fanbook jusqu'à la fin !

UN BONBON : Tagada® pink

UN MÉTIER : coiffeur

UN COMPTE INSTAGRAM : Cristiano Ronaldo @cristiano. C'est le seul compte que je suis assidûment.

UNE PERSONNALITÉ POUR UNE JOURNÉE : Cristiano Ronaldo, ma star préférée

UN PLAT POUR UN DÎNER ROMANTIQUE : une quiche lorraine pour faire honneur à ma région

UNE DESTINATION POUR UN *VERY BAD TRIP* ENTRE POTES : je rêve d'aller à Las Vegas

UNE DESTINATION ROMANTIQUE AVEC TA FEMME : Bora-Bora

Une **enfance...** en **musique**

Depuis mon enfance, la musique a toujours été omniprésente dans ma vie.

Bien que je ne vienne pas d'une famille de musiciens professionnels, elle a occupé une place essentielle dans mon quotidien. J'ai grandi entouré de rythmes et de mélodies, et très tôt, une passion pour des genres comme le *reggaeton* et la pop s'est éveillée en moi. Dès l'âge de 5 ans, je chantais discrètement dans ma chambre, sans imaginer qu'un jour, cela deviendrait ma carrière. Plus tard, durant mon adolescence, mon amour pour la musique s'est affirmé, notamment lorsque j'ai commencé à composer mes propres morceaux.

Les sonorités latino-américaines ont eu un impact déterminant sur mon parcours. Chaque été, mes vacances au Portugal me permettaient de découvrir des rythmes et des tonalités totalement différents de ceux auxquels j'étais habitué en France. Ces influences m'ont inspiré l'idée de fusionner ces styles avec des sons modernes, pour créer une musique qui reflète mon univers et ma singularité.

Pour moi, la musique est bien plus qu'un divertissement : c'est un puissant moyen d'expression. Elle me permet de partager mes émotions et de raconter des fragments de ma vie. Au fil du temps, en explorant différents horizons sonores et en m'ouvrant à de nouvelles inspirations, j'ai façonné un style unique, celui que vous retrouvez dans mes morceaux aujourd'hui. Pouvoir toucher un large public et être reconnu comme un chanteur populaire est une immense satisfaction.

Je suis persuadé que croire en soi et persévérer peuvent tout changer. Mon expérience en est la preuve : avec du travail et de la détermination, on finit par atteindre ses objectifs. Si mon histoire peut encourager d'autres personnes à suivre leurs rêves, alors ma mission dépasse la simple musique.

Au départ, la musique n'était qu'un passe-temps pour moi. Pourtant, j'ai réussi à me professionnaliser malgré l'absence de réseau ou de connaissances dans l'industrie musicale. Aujourd'hui, je veux montrer que, même si l'on n'est pas forcément à l'aise dans un cadre scolaire, la passion et l'effort peuvent ouvrir des portes, même dans des domaines compétitifs, qu'il s'agisse de la musique, du sport ou de tout autre univers.

Le *reggaeton*, une inspiration majeure

Né au début des années 2000, le *reggaeton* est un style qui m'a profondément marqué. Chanté principalement en espagnol et en portugais, il s'inspire du ragga et du hip-hop, avec des rythmes puissants et des mélodies entraînantes. Ce genre, qui a conquis le monde entier grâce à son énergie contagieuse, m'a toujours fasciné. Ce que j'aime par-dessus tout, c'est sa capacité à rassembler et à faire danser.

Dans mes créations, des éléments caractéristiques du *reggaeton*, comme les boîtes à rythmes, les échantillonneurs et les synthétiseurs, occupent une place essentielle. J'aime les utiliser pour donner à mes morceaux une touche contemporaine et dynamique, tout en rendant hommage aux sonorités qui m'ont inspiré. Pour moi, le *reggaeton* n'est pas seulement un genre musical, c'est un univers qui me permet de combiner mes origines, mes influences et ma créativité.

Ma **playlist** **reggaeton** préférée

SCÈNE INTERNATIONALE

• Daddy Yankee – « Gasolina »
Ce morceau est considéré comme l'un des plus grands classiques du *reggaeton*. Sorti en 2004, il a popularisé le genre dans le monde entier.

• Luis Fonsi – « Despacito » feat Daddy Yankee
Ce titre est devenu un phénomène mondial, mélangeant *reggaeton* et ballade pop.

• Rosalía – « Beso » feat Rauw Alejandro
Une chanson moderne qui montre la polyvalence du *reggaeton* avec une touche flamenco.

• Bad Bunny – « Tití me preguntó »
Bien que plus proche de la pop latine, cette chanson intègre des éléments *reggaeton*.

• Maluma – « Felices los 4 »
Une chanson sensuelle avec des sonorités *reggaeton* et pop latine.

• J Balvin – « Mi Gente » feat Willy William
Un succès mondial qui mélange *reggaeton* et influences électros.

• Wisin & Yandel – « Rakata »
Un titre phare du duo qui a contribué à définir l'essence du *reggaeton* dans les années 2000.

SCÈNE FRANÇAISE

- Jul

Avec des morceaux comme « Tropical », Jul intègre des rythmes dansants proches du *reggaeton*, combinés à des sonorités tropicales.

- Aya Nakamura

Bien que majoritairement influencée par l'afropop et le dancehall, certains titres comme « Djadja » et « Pookie » présentent des similitudes avec le *reggaeton* dans leurs rythmes et leur structure.

- Gims et Maluma – « Hola Señorita »

—

Ces artistes montrent comment le *reggaeton* influence progressivement la musique française, souvent en l'adaptant aux goûts locaux. Cela donne naissance à des morceaux hybrides qui mêlent les cultures et les styles.

Mes morceaux sont, je pense, un bon exemple de la manière dont ce genre peut être revisité et réinventé pour s'adresser à un public différent, tout en préservant son essence rythmique et festive. Je suis fier de pouvoir transmettre cette énergie tout en y ajoutant ma touche personnelle.

Mon top 3 DES ARTISTES

que j'écoutais quand j'étais plus jeune reflète bien mes influences musicales.

1. GUSTAVO LIMA

J'ai découvert et adoré son tube mondial « Balada Boa », que je pouvais écouter en boucle sans jamais m'en lasser.

2. MICHEL TELÓ

Un artiste brésilien et membre du Grupo Tradição, dont j'écoutais des tubes comme « Barquinho », « O Caldeirão », « Pra Semper Minha Vida », « A Brasileira » ou encore « Eu Quero Você ».

3. JUL

Une référence pour moi dans la scène rap urbain. Sa chanson « Italia » est de loin ma préférée. J'aime particulièrement le déroulé du flow et le son en général, qui m'a beaucoup inspiré pour écrire mes premières chansons.

Archives personnelles

Je vous ouvre en exclusivité mon album photo personnel...

C'est un peu comme un voyage à travers le temps, une fenêtre sur mon parcours.

Chaque photo est un instant capturé, un souvenir que je garde précieusement. Cet album est bien plus qu'une collection d'images ; il représente mon évolution. Ce sont des moments authentiques, souvent spontanés, qui viennent compléter l'image que l'on peut avoir de moi en tant qu'artiste.

À travers ces photos, je vous invite dans mon univers intime, à découvrir l'homme derrière les chansons. Chaque image reflète une émotion, une étape, un souvenir. Elles sont une part de moi, et j'espère que vous les trouverez aussi significatives que les morceaux que vous écoutez.

errea
RCC

DYNAMIC
RADIO

©Krystof

ProRes HQ
00:00:00:00
SDI/HDMI

THE KOOPLES

CAPRI

Amour
Foi

La musique dans le cœur

Premiers **enregistrements**

Je me souviens très bien de mes premiers enregistrements.

C'était une époque où tout était encore en gestation. Le premier matériel que je me suis acheté c'est un MacBook pro 13 pouces et j'ai surtout investi dans un pack studio Scarlett comprenant une carte son USB, un micro et un casque. Ce pack coûte environ 120 euros. J'ai enregistré « Mon chouchou » et « Clic clic pan pan » avec ce matos ! J'ai bidouillé le tout avec un logiciel de production que j'avais trouvé en ligne. Ce n'était pas grand-chose, mais c'était tout ce dont j'avais besoin à l'époque pour commencer à exprimer mes idées musicales.

Je n'avais pas encore un vrai studio, ni les moyens de travailler avec des producteurs à ce moment-là. Alors, je faisais tout moi-même, de la composition à l'enregistrement, en passant par le mixage. C'était souvent imparfait, mais chaque morceau était une aventure. Je me suis beaucoup inspiré des sons qui me faisaient vibrer à l'époque, des influences latines et urbaines qui m'étaient chères.

Je me souviens aussi de la première fois où j'ai partagé mes morceaux sur des plateformes comme SoundCloud et YouTube. C'était un grand saut pour moi, un moment où je me suis dit : « OK, maintenant c'est pour de vrai, je me lance. » Les premiers retours, même s'ils étaient modestes, m'ont motivé à continuer, à perfectionner mon travail et à persévérer.

Ma toute première chanson mise sur YouTube est « Dis-moi tout ». Elle a fait environ 10 000 vues. Plus tard, je l'ai supprimée lorsque je me suis professionnalisé, tout en gardant cette archive bien cachée Même si aujourd'hui, elle n'est plus disponible dans sa version originale, cette chanson a été fondatrice pour moi. Je l'ai repris sur mon premier album, où elle est devenue l'un de mes plus gros tubes ! J'en ai tiré une sacrée leçon : « Rien ne se perd, tout se transforme. » Et surtout, j'ai appris à écouter mon intuition. As-tu retrouvé dans mes albums, le nouveau titre de cette chanson que j'ai recyclée ?

C'était un peu comme une phase d'apprentissage par essais de sons et erreurs. J'expérimentais sans cesse ma créativité musicale. Chaque erreur était un apprentissage, chaque petit progrès un immense pas en avant. Ces premières expériences grâce à mon studio mobile, bien qu'elles n'aient pas été parfaites, m'ont permis de poser les bases de ce que je suis devenu aujourd'hui.

Mon **premier** **concert**

Mon premier concert en tant que spectateur, c'était un showcase de Jul dans un bar à chicha à Nancy, j'avais 15-16 ans.

Je suis un fan ultime de Jul, il est une grande source d'inspiration pour moi. J'étais fasciné par lui. Je me surprenais à rêver et je me disais : « Wouah, ça doit être quelque chose de vivre ça », mais, pour moi, c'était un rêve inaccessible. À l'époque, jamais je n'imaginais tout ce qui allait m'arriver, et surtout, un jour, je ne pensais pas que j'allais moi aussi me retrouver face à un public pour chanter mes propres chansons !

Mon tout premier contact avec le public, c'était aussi dans un club, en showcase. Ça se fait beaucoup et c'est formidable pour les jeunes artistes débutants. Je m'en souviens comme si c'était hier ! Le Must Club à Saint-Étienne. Rien que d'y penser, j'avoue, j'ai une grosse émotion. Mes sons n'étaient pas nets, je n'étais pas suffisamment équipé, mais ça passait. J'ai chanté deux chansons « Bébé » et « Mon chouchou »... et j'ai kiffé. Ce moment n'a fait qu'accentuer mon désir de poursuivre dans la musique.

Ma toute première vraie scène, c'est sur un plateau radio avec mon tube « Clic clic pan pan ». Ça reste un super souvenir. J'ai reçu une telle énergie de la part du public présent. On sortait du confinement et il y avait encore des mesures sanitaires et des jauges pour le public. J'ai chanté devant 300 personnes au lieu de 800 prévues.

Je me souviens très bien de mon premier concert en tant qu'artiste.

J'étais déjà entouré de mes meilleurs amis : Steven dit « Kipoune » et Maxime dit « Pablo ». Mes gars sûrs, ma famille. C'était un moment très spécial pour moi, car à l'époque, je commençais à peine à me faire connaître. J'étais inquiet, j'avais le trac. J'avais cette sensation étrange de devoir prouver quelque chose, mais aussi l'envie de partager ma musique avec les gens.

Mes potes sont vrais, ne trichent pas. On se dit les choses sans tourner autour du pot. On débriefe beaucoup après les concerts. Ils ont su me rassurer et j'ai passé un moment incroyable. Lorsque j'ai vu la réaction du public, ça a été un choc émotionnel puissant. J'ai vraiment compris l'impact que ma musique pouvait avoir, et c'est là que j'ai ressenti à quel point la scène était un endroit où je devais être. Ça m'a donné l'envie de continuer à faire de la musique. MA musique.

Mon rêve serait de monter sur la scène emblématique de l'Olympia et de voir mon nom briller en lettres rouges géantes.

Premiers **succès** et grandes **émotions**

Je me souviens parfaitement de mes premiers succès.

C'étaient des moments intenses, presque irréels. Quand j'ai sorti « Clic clic pan pan », c'était comme un rêve qui devenait réalité. Je n'avais pas encore l'expérience de l'industrie musicale, mais ce morceau a fait beaucoup de bruit dès sa sortie. Les écoutes ont explosé, et je n'arrivais pas à croire que des milliers de personnes dansaient et chantaient sur ma musique. Ce fut un grand tournant pour moi, un moment où je me suis dit : « OK, c'est possible, j'ai quelque chose à offrir. » Ce n'était pas juste un succès commercial, c'était aussi un tremplin émotionnel, une validation de tout le travail que j'avais mis dans ma musique, même à des moments où je doutais de moi.

Puis est venu « Soleil et nanas », un morceau qui a confirmé ce que je commençais à ressentir après « Clic clic pan pan ». Ce fut un vrai défi de sortir un morceau encore plus personnel, mais aussi plus rythmé, avec cette touche latine qui me caractérise tant. La réaction des gens a été incroyable. Voir mes fans réagir avec autant d'enthousiasme, de me dire qu'ils vibraient avec moi, ça a été un moment de pur bonheur. C'était comme si chaque note, chaque parole que j'avais écrite prenait vie à travers eux. Ce morceau m'a permis de comprendre que j'étais vraiment sur la bonne voie, mais aussi qu'il fallait continuer à pousser mes limites, à m'ouvrir encore davantage pour toujours trouver des thèmes de chansons qui touchent le cœur de ceux qui m'écoutent.

Ces deux morceaux, « Clic clic pan pan » et « Soleil et nanas », ne se sont pas contentés de me donner un premier élan. Ils ont marqué le début d'un voyage, celui où je me suis vraiment senti accepté et soutenu par une communauté qui était là, dès le début, à me suivre et à partager ma musique. Ce sont ces moments-là qui m'ont donné la force de persévérer, même quand l'avenir semblait incertain. On sait très bien que dans ce métier, un jour c'est la gloire, et le lendemain tu peux passer aux oubliettes. Je devais continuer à faire la musique que j'aime. Comme je suis un vrai autodidacte, je n'ai pas les codes du métier ni le réseau. Pour poursuivre ma carrière artistique, je n'avais pas d'autres choix que de me professionnaliser, de travailler sans relâche pour proposer de la qualité à mon public, et donc d'apprendre, d'apprendre, d'apprendre…

Ils ont aussi jeté les bases de mon premier album, *Pays des merveilles*, où j'ai continué à m'exprimer à travers mes émotions, mes influences, et mes rêves. Mais tout a commencé par ces premiers succès, ces premières chansons qui ont touché les gens et qui m'ont permis de trouver ma place dans cet univers musical. Je n'oublierai jamais ces moments-là.

« Clic clic pan pan »: la chanson phénomène

Lorsque j'ai créé « Clic clic pan pan », c'était une envie de partager une ambiance joyeuse et légère, tout en apportant un côté plus intime avec une histoire d'amour un peu mélancolique. Je voulais capturer ce mélange entre la fête et les émotions qu'on ressent parfois dans les relations. Le « clic clic pan pan », pour moi, ça représente un peu l'idée du contrôle et du désir, comme une sorte de métaphore, à la fois percutante et dansante.

La chanson est née dans un moment où je cherchais à créer quelque chose d'assez universel, une chanson qui pourrait résonner dans les clubs, mais aussi dans le cœur des gens. Je voulais que les gens puissent se laisser emporter par le rythme tout en se reconnaissant dans les paroles. Ce qui est incroyable, c'est de voir comment elle a évolué, elle a vraiment pris une dimension virale, notamment sur des plateformes comme TikTok, où l'énergie de la chanson a été reprise par des milliers de personnes. Ce succès a vraiment dépassé mes attentes, et ça m'a confirmé qu'il fallait continuer à explorer ces mélanges entre émotion et fête dans ma musique.

« T'étais mon chouchou
J'peux pas oublier l'passé

Et ça fait clic
Clic clic, pan pan pan
J'braque ton petit cœur, ma chérie,
t'es trop séduisante (trop séduisante) »

« Clic clic pan pan » et *Un p'tit truc en plus*: une histoire universelle

Lorsque j'ai vu que ma chanson « Clic clic pan pan » était utilisée dans le film *Un p'tit truc en plus*, j'ai eu une réaction partagée entre surprise et immense gratitude. C'était un projet que je ne voyais pas venir, mais qui s'est révélé être une vraie bénédiction pour le morceau. Le film d'Artus, qui parle de sujets profonds comme le handicap et l'inclusion, a parfaitement trouvé sa place avec l'énergie positive que dégage la chanson. Quand j'ai appris que « Clic clic pan pan » allait être un hymne dans ce film, j'ai su immédiatement que c'était le bon choix.

Le succès du film a redonné une nouvelle vie au titre. Avant qu'il ne soit inclus dans le film, mes écoutes étaient déjà assez bonnes, mais depuis sa sortie, j'ai vu les chiffres exploser. Je parle d'une augmentation de 30 à 50 % des écoutes sur les plateformes de streaming. C'est incroyable de voir comment une chanson peut s'imprégner d'une nouvelle profondeur en rencontrant l'univers d'un film qui touche autant de spectateurs. « Clic clic pan pan » s'inscrit ainsi dans une histoire plus large, devenant une passerelle entre la musique et le cinéma.

Pour moi, cette chanson est devenue un morceau « intergénérationnel » – il traverse les âges et fait sourire tout le monde, des plus jeunes aux plus anciens. Ce que j'adore, c'est que les gens, après avoir vu le film, ont envie de réécouter la chanson. Elle donne vraiment du peps et une belle énergie, et je suis heureux que ce projet avec Artus ait permis à la chanson de vivre encore plus intensément.

En toute honnêteté, je ne m'attendais pas à ce que la chanson ait autant de longévité. C'est un vrai plaisir de voir l'impact que continue d'avoir « Clic clic pan pan », surtout avec un film comme *Un p'tit truc en plus* qui permet de lui donner une nouvelle dimension.

Mes premiers succès: de la **passion** à la **reconnaissance**

Le succès est quelque chose que je vis avec beaucoup d'humilité et de reconnaissance.

Quand « Clic clic pan pan » a explosé, je n'avais pas anticipé un tel déferlement. Mon rêve était de faire un disque d'or. C'était une vraie ambition. Vendre 50 000 exemplaires, c'est déjà énorme ! À l'époque « Mon chouchou » cartonnait sur YouTube, mais je plaisais qu'à un public très ciblé plutôt de province. Je ne correspondais pas aux critères traditionnels du rap urbain. J'ai commencé à prendre un « créneau » comme on dit dans les maisons de disques. J'ai travaillé ce titre de façon très simple en studio avec mes potes.

Je me souviens encore de la première fois où j'ai vu les chiffres grimper et où les retours positifs ont afflué de toutes parts, notamment grâce à des plateformes comme TikTok. C'est à ce moment-là que j'ai réalisé que ma musique avait trouvé une vraie place dans le cœur des gens. J'ai dit à ma team : « Les gars, je crois que c'est le tube qui va toucher tout le monde ! » Ce morceau a également reçu un soutien incroyable de Cyril Hanouna, qui l'a mis en avant dans son émission *Touche pas à mon poste* ! (TPMP), le 22 janvier 2022. Invité à interpréter « Clic clic pan pan » en direct sur le plateau, j'ai bénéficié d'une visibilité énorme, et cette performance a marqué un tournant.

En deux semaines seulement, j'étais numéro 1. La chanson a été diffusée sur toutes les radios. J'étais à côté de toutes les stars qui me faisaient rêver. C'était vraiment aussi incroyable que magique ! Tout allait très vite. J'avoue que je ne me rendais pas vraiment compte ce qui m'arrivait. C'était un tourbillon auquel je n'étais pas préparé.

Cette exposition médiatique, combinée à l'engouement sur les réseaux sociaux, a contribué à propulser ma chanson au sommet. Avec des millions de vues et de streams, elle a franchi une étape emblématique en décrochant la certification double diamant. Ce titre, qui équivaut à 100 millions d'équivalents streams, symbolise pour moi bien plus qu'un succès commercial : il incarne la connexion avec le public et l'impact durable qu'une chanson peut avoir dans la vie des gens.

Malgré tout ce succès, je reste profondément humble. Je sais que la reconnaissance peut être éphémère et qu'il faut sans cesse redoubler d'efforts pour la mériter. Chaque jour, je retourne à l'essentiel : je travaille mes sons dans mon studio, je chante, je fais des plateaux télé, des radios…, mais le soir, je rentre chez moi. Ce qui compte le plus pour moi, c'est de rester fidèle à qui je suis, à mon parcours, et à ce que j'ai à offrir musicalement. Je garde les pieds sur terre, concentré sur l'essentiel. Je savoure chaque étape de cette aventure, tout en ayant conscience qu'il me reste encore un long chemin à parcourir. Le succès n'est pas une finalité, mais une source d'inspiration pour aller toujours plus loin, me réinventer et rester connecté à mes racines musicales. J'ai lancé mon propre label, Prodige Music, ce qui me permet d'être totalement indépendant. Pour faire simple : avec Prodige Music, je compose et j'édite ma musique, et grâce à un distributeur, je peux la diffuser sur les plateformes, imprimer l'album et le distribuer en magasins.

Une chanson phénomène et des chiffres impressionnants

CERTIFIÉ DOUBLE DIAMANT

La chanson a atteint 100 millions d'équivalents streams, le rêve pour tout artiste.

TIKTOK COMME TREMPLIN

Le morceau a généré plus de 150 000 créations de vidéos sur TikTok, propulsant sa popularité et attirant un public toujours plus large.

STREAMING MASSIF

Sur Spotify, « Clic clic pan pan » dépasse les 100 millions d'écoutes, s'imposant comme l'un des titres incontournables de l'année.

YOUTUBE

Le clip officiel a accumulé plus de 150 millions de vues, renforçant l'engouement autour du morceau.

CLASSEMENTS

TOP 10

Le titre a dominé les plateformes de streaming, se hissant dans le Top 3 des classements en France et dans plusieurs pays francophones.

Ce succès impressionnant a marqué un tournant dans ma carrière, ouvrant de nouvelles perspectives et confirmant que cette chanson a trouvé une place particulière dans le cœur du public.

Bambino

Date de sortie : 26 février 2021

« *Bambino* n'est pas juste un album, c'est le reflet de mes racines, de mes rêves d'enfant et de mon évolution en tant qu'artiste. »

LES TITRES DE L'ALBUM

1. Ma crush
2. Elle adore
3. Bambina
4. Johnny Hallyday
5. Maria maria
6. Dans le club
7. Mon chouchou (Disque d'or)
8. Ma calina
9. Anita
10. Tagada champagne
11. Mi amore
12. Dans ma folie
13. Mignonne
14. La miss
15. Bébé

Bambino, mon premier album sorti en 2021, représente bien plus qu'un simple projet musical.

C'est une étape essentielle de mon parcours, un véritable point de départ où j'ai pu poser les bases de mon univers artistique et me livrer pleinement. Cet album reflète mes influences, mes inspirations, et surtout mes émotions les plus sincères. Un mélange de sonorités modernes et de rythmes urbains qui traversent mes pensées et mes expériences. L'enregistrement a eu lieu chez moi et le mixage du projet dans un studio, ici en Lorraine, un endroit où je me suis tout de suite senti à l'aise. L'ambiance chaleureuse et conviviale était cruciale pour moi dans la réalisation de ce projet. L'équipement de qualité professionnelle, avec ses micros, convertisseurs, logiciels audio et vidéo, m'a permis de donner le meilleur de moi-même. En tant qu'autodidacte, j'ai appris à chaque étape, à force de persévérance et d'expérimentation.

Chaque morceau de *Bambino* raconte une part de mon histoire. J'y ai mis tout ce que j'ai vécu, tout ce que j'ai ressenti, sans détour. Avec cet album, je voulais prendre le temps de bâtir un univers à moi, mais aussi ouvrir la porte à de nouvelles possibilités. En tant qu'artiste en constante évolution, cet album marque une étape clé de cette aventure musicale. Il est un peu comme ma carte d'identité sonore, un condensé de tout ce que j'ai traversé jusqu'ici, et j'espère qu'il saura toucher ceux qui m'écoutent, tout comme il m'a permis de me retrouver moi-même.

Cet album n'est pas simplement un projet, c'est une déclaration de qui je suis, de mon passé, et de ce que je souhaite encore offrir à ceux qui me suivent. *Bambino* est le commencement d'un voyage, et je suis plus que prêt à le poursuivre avec vous.

Bambino: l'âme d'un rêveur

Le choix du titre *Bambino* pour mon album est profondément symbolique. Ce mot, qui signifie « petit enfant » en italien, représente plusieurs aspects de mon parcours. D'abord, il fait référence à mon propre cheminement, à mes débuts dans la musique et à l'enfant que j'étais, plein de rêves et d'ambitions, mais aussi à la personne que je suis devenue aujourd'hui.

Ce titre incarne un état d'esprit, une volonté de garder une certaine fraîcheur et un regard enfantin sur la vie, malgré les défis et les obstacles. C'est une manière pour moi de rester connecté à cette énergie brute et pure qui m'a poussé à poursuivre mes rêves, tout en offrant une réflexion sur le fait de grandir, de changer, et de rester authentique tout au long de ce processus. *Bambino*, c'est un mélange de jeunesse, de rêves, et d'émotions brutes, le tout porté par ma vision de la musique et de la vie.

Cœur brisé

Date de sortie : 3 septembre 2021

LES TITRES DE L'ALBUM

1. Cœur brisé
2. Amoureuse (avec Noodels)
3. Tropiko
4. Tous les jours
5. En détresse
6. Pablito
7. Ma lova
8. Dans ma bulle
9. Elvira
10. Sous popo (avec Mehdi YZ)
11. Trésor
12. Elle te balade
13. Ti amo
14. Ma jolie
15. Ma douce (avec DJ Assad & T Garcia)
16. Tout va bene

Cœur brisé, mon deuxième album sorti en 2021, est un véritable reflet de mes émotions les plus sincères.

Cet album va au-delà de la musique ; j'ai voulu y exprimer mes sentiments. À travers des morceaux poignants, j'ai voulu partager mes moments de vulnérabilité, mais aussi montrer que derrière chaque épreuve se cache la force de se relever et de continuer.

Les singles « Cœur brisé », « Elvira » et « En détresse » ont été particulièrement marquants dans ce projet. Chacun d'eux a trouvé une résonance auprès de mon public, et leur succès m'a profondément touché. Ces titres ont figuré dans le top 10 des morceaux les plus demandés sur YouTube, un signe que les gens se reconnaissent dans ce que je ressens. Cela m'a rappelé pourquoi je fais ce que je fais : pour toucher les cœurs, partager des émotions et créer des liens avec ceux qui m'écoutent.

La diversité des sonorités dans cet album est également un élément clé de son identité. Des influences urbaines aux rythmes latins, chaque morceau apporte une couleur différente, mais tous se rassemblent autour d'un même fil conducteur : l'expression de mes émotions. Avec « Cœur brisé », par exemple, j'ai voulu capturer la douceur et l'intensité d'une relation amoureuse, tandis que « Elvira » et « En détresse » plongent plus profondément dans des moments de confusion et de souffrance.

Cœur brisé n'est pas seulement un album, c'est une fenêtre ouverte sur mon monde intérieur. Il marque une étape importante dans mon évolution musicale et personnelle, et je suis fier de voir comment ces morceaux ont résonné auprès de ceux qui me suivent. Cet album m'a permis de grandir en tant qu'artiste, et je suis honoré de pouvoir offrir une partie de moi à ceux qui prennent le temps de l'écouter.

Pays des merveilles

DISQUE D'OR

Date de sortie : 4 février 2022

LES TITRES DE L'ALBUM

1. Pays des merveilles
2. Allô, c'est qui ?
3. Marbella
4. J'pensais pas
5. Rosalía
6. M'en veux pas
7. Comme un fou
8. Loquita
9. Ma bonita
10. En fumette (avec Nakry)
11. Teresa
12. Pouloulou
13. Ma life
14. Toi & moi (avec Djena Della)
15. Toute la night
16. Clic clic pan pan (disque de diamant)

Pays des merveilles, mon troisième album, marque un tournant majeur dans ma carrière.

Ce projet représente bien plus qu'un simple album musical, c'est une invitation à un voyage intérieur, une quête pour comprendre qui je suis et où je vais. Le titre lui-même est profondément symbolique pour moi. Il évoque un univers imaginaire où tout est possible, un « pays » où je me permets de rêver, d'explorer de nouvelles sonorités et de m'exprimer librement, sans contrainte. C'est un lieu où les émotions, les influences et les expériences se mélangent pour créer quelque chose de magique et d'unique.

Avec *Pays des merveilles*, j'ai voulu aller au-delà des attentes, explorer de nouvelles facettes de ma musique tout en restant fidèle à mes racines. L'album se distingue par sa diversité sonore : des influences urbaines, des rythmes latins, des moments plus introspectifs et des chansons plus énergiques. C'est un projet plus éclectique, qui montre mon évolution en tant qu'artiste.

Chaque chanson de cet album est une porte ouverte sur une partie de moi. *Pays des merveilles* est un reflet de mes rêves et de mes expériences, mais aussi une manière de montrer que, même dans les moments difficiles, il existe toujours une part de lumière, de beauté et de magie. Ce titre symbolise aussi ma volonté de partager mon monde, un monde où l'on peut à la fois s'évader et se reconnecter à soi-même.

L'album a été un véritable défi artistique pour moi, et je suis fier de voir qu'il a touché autant de monde. Certifié disque d'or en seulement huit mois, avec plus de 50 000 ventes, *Pays des merveilles* est un album qui résonne profondément avec ceux qui m'écoutent, et je suis heureux de pouvoir partager cette aventure avec vous. Ce projet est un aboutissement, mais il marque aussi un nouveau départ. *Pays des merveilles* est le début d'un voyage, et je suis plus que prêt à continuer ce chemin à vos côtés.

Le choix du titre de cet album n'est pas dû au hasard. J'adore Charles Aznavour. L'une de mes chansons préférée est « Emmenez-moi ». Elle dit :
Emmenez-moi au bout de la terre
Emmenez-moi au pays des merveilles

À ses débuts, personne ne croyait en lui, il avait une voix et un style à part. Mais, il a persévéré et est devenu l'immense artiste qu'on connaît.

Moi, mon *Pays des merveilles*, c'est pouvoir continuer à faire vivre ma musique et être reconnu pour cela.

Partir loin

Date de sortie : 9 décembre 2022

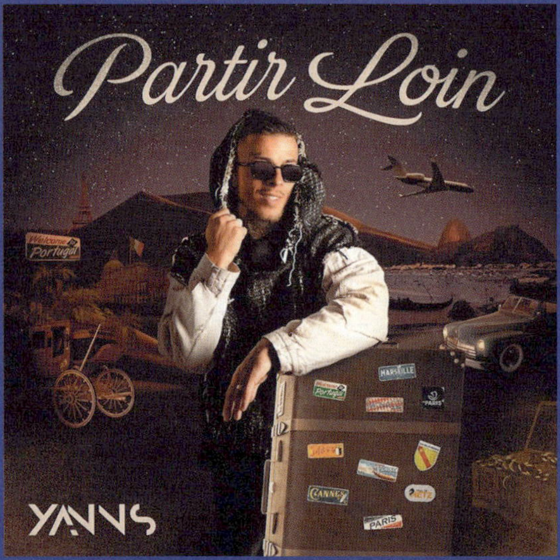

LES TITRES DE L'ALBUM

1. Un autre monde
2. Bip bip
3. Gitana (avec Gosch)
4. Petite Italienne
5. Ma beauté
6. Regarde-moi
7. Pépita (avec Lyna Mahyem)
8. Chérie coco
9. Elle t'a pisté
10. Sex friend
11. Anastasia
12. Tourner en rond
13. Je t'aime beaucoup
14. Une bombe (avec Jayel)
15. Ma belle
16. Laisse-moi t'aimer
17. Capricieuse
18. Dana Dana (avec Dana Sleiman)
19. Partir loin

Avec ce nouvel album, je continue d'allier pop urbaine et sonorités latines, qui font écho à mes origines.

Après le succès incroyable de « Clic clic pan pan », certifié single de diamant, et de mon dernier projet physique *Pays des merveilles*, certifié disque d'or, je reviens pour emmener mes fans dans un nouveau voyage avec *Partir loin*.

Fort de mes quelques certifications et de plus de 3 millions de followers, je montre une fois de plus que j'ai plusieurs cordes à mon arc. Après la sortie de « Bip bip », qui a tourné en boucle sur NRJ, je suis fier de confirmer mon style et d'assurer un come-back fracassant, surtout lorsque certains pensaient que mon succès ne durerait pas. Je travaille sans relâche sur ma musique, et je suis ravi de l'accueil que mes fans m'ont réservé pour ce nouvel album.

« Mains en l'air » est un titre d'abord sorti en single.

Je l'ai enregistré le soir de Noël 2022. Son succès a été immédiat. Nous avons donc pris la décision de l'intégrer sur la version Bonus de *Partir loin*.

Cette chanson est devenue un titre phare. C'est mon deuxième plus gros tube de ma discographie avec 10 millions de streams et 30 millions de vues sur YouTube.

En concert, c'est la folie, tout le monde l'attend et joue le jeu de mettre les mains en l'air dès les premières notes. Ambiance garantie !

1998

Date de sortie : 16 juin 2023

LES TITRES DE L'ALBUM

1. Fort comme papa
2. Mon amour
3. Jordana
4. Mama
5. Prisonnier
6. C'est chaud
7. Mon bijou
8. Obrigado (avec Jimmy Sax)
9. Sur ma route
10. Ça c'est fait
11. Tchica
12. Album sur album
13. Baby love
14. Ensorcelé
15. Superman
16. Clic clic pan pan 2
17. Tik Tok

Du haut de mes 24 ans, je viens de dépasser le seuil des 100 000 ventes cumulées sur l'ensemble de ma discographie.

Avec déjà un hit et cinq albums à mon actif, dont un certifié disque d'or, j'ai su conquérir les générations et me construire une fan base engagée. Avec cet album studio, j'ai atteint la cinquième place du Top Albums, mon meilleur classement jusqu'à présent. *1998* (clin d'œil à mon année de naissance pour ceux qui ne suivent pas) est un album introspectif dans lequel je me livre et reviens sur ce qui a fait de moi l'artiste et l'homme que je suis aujourd'hui.

Je suis avant tout un garçon rieur et ouvert sur le monde. Avec *1998*, j'ai décidé de me confier à mon public à travers 17 titres qui retracent pas à pas mon parcours. Construit de manière chronologique, cet album se présente comme un voyage à travers mon histoire et mes émotions. Avec « Fort comme papa », je parle de ma famille, et dans « Jordana », j'évoque l'amour inconditionnel que j'ai pour ma petite fille. Comme toujours, les histoires de cœur restent le fil conducteur de mon récit, avec des titres comme « Prisonnier » ou « Obrigado ». Je vous invite ainsi à suivre ma construction, mes moments de doute, mais aussi les clés de ma réussite, comme dans « Tik Tok ». C'est un moyen de resserrer encore un peu plus les liens avec vous, mon public.

Sale Gosse

Date de sortie : 29 mars 2024

LES TITRES DE L'ALBUM

1. Vaisseau spatial
2. Sale Gosse
3. Je t'aime
4. Promis juré
5. Calimero
6. Folie
7. Bingo
8. Petit cœur
9. Jour J
10. Bonnie & Clyde
11. Jamais contente
12. Yeux bleus
13. Mon soleil
14. Laisse-moi te dire

Avec *Sale Gosse*, j'ai voulu marquer une nouvelle étape dans mon parcours et offrir un album qui me ressemble vraiment.

Cet opus, c'est un mélange de mon énergie, de mes émotions et de tout ce que j'ai traversé jusqu'ici.

Le titre, *Sale Gosse*, reflète bien une partie de moi : ce côté rebelle, insoumis, parfois impulsif, mais aussi la sensibilité qui se cache derrière cette façade. À travers cet album, j'ai cherché à montrer qui je suis, sans filtre, avec mes forces et mes faiblesses.

Musicalement, j'ai continué à explorer et à mélanger les styles qui me parlent : des sonorités urbaines, des rythmes latins et des vibes pop qui me définissent. Chaque morceau raconte une histoire, un moment de ma vie, une émotion que j'ai voulu partager avec vous.

Il y a des titres qui vous feront danser, d'autres qui vous toucheront peut-être en plein cœur. J'aborde des thèmes qui me sont chers : l'amour, les défis, la quête de soi. Tout ça, je l'ai écrit avec sincérité, en espérant que vous vous y retrouverez.

Sale Gosse, c'est plus qu'un album pour moi. C'est une déclaration, un moyen de vous montrer que je reste fidèle à moi-même tout en cherchant toujours à aller plus loin. Cet album, c'est une promesse : celle de continuer à grandir, à évoluer, tout en restant ce que je suis au fond de moi. Merci de me suivre dans cette aventure. *Sale Gosse*, c'est notre histoire à nous.

« Je t'aime », le premier extrait de cet album

C'est une chanson qui me tient particulièrement à cœur, où je dévoile une facette plus sensible, plus intime, plus vulnérable de ma personnalité, loin de l'image du macho que certains peuvent avoir de moi. Sur une instrumentale épurée, je déclare ma flamme sans détour, en toute sincérité. C'est avec cette chanson que j'ai fait ma demande de fiançailles à Jade.

Le succès de ce titre me touche énormément :

- 35 millions de vues sur TikTok, avec plus de 50 000 vidéos créées par vous ;
- 30 millions de vues sur Instagram ;
- 4,5 millions de vues sur YouTube.

Le démarrage a été incroyable, et je n'aurais jamais imaginé un tel accueil. « Je t'aime » est pour moi plus qu'une simple chanson : c'est un pont entre vous et moi, une manière de partager mes émotions avec authenticité. Ce morceau donne le ton de ce nouvel album, un projet qui me ressemble, audacieux, sincère et profondément humain.

Mes meilleures **collab'**

Collaborer avec d'autres artistes est une expérience incroyable pour moi.

Chaque rencontre, chaque projet me permet de grandir et de découvrir de nouvelles dimensions de la musique. C'est une opportunité de fusionner nos univers, d'apprendre les uns des autres, et de créer quelque chose de vraiment unique. J'aime travailler avec des artistes qui ont un univers fort, un style propre. Ensemble, on arrive à mélanger nos influences et à créer des morceaux qui, je pense, touchent plus de gens.

Ces collaborations ne se limitent pas à la musique. Parfois, on échange des idées sur la scène, sur la manière dont on veut se présenter, sur des visuels… C'est ce qui rend chaque collaboration encore plus enrichissante. C'est comme une fusion créative entre nos talents, et c'est souvent ce qui rend un projet encore plus fort.

Il y a des moments où je me suis retrouvé dans des genres musicaux que je n'avais pas forcément explorés seul, et ces expériences m'ont permis de sortir de ma zone de confort. C'est ça qui me plaît, sortir des sentiers battus et travailler avec des artistes qui m'inspirent, comme mon frère Gosch ou Dana.

Chaque collaboration est une opportunité de grandir, de découvrir des facettes de soi que l'on ignore. Je pense que c'est cette diversité d'univers qui rend ma musique encore plus riche et touchante.

Je n'ai jamais réalisé de grands featuring avec des artistes très confirmés. Pour l'instant, je préfère me tourner vers des talents émergents, les accompagner, les produire et utiliser mon succès pour les guider. Travailler en collaboration de cette manière est ma façon de partager ma passion et de contribuer à leur épanouissement artistique. Dans ces projets, j'endosse davantage le rôle de producteur musical, ce qui me permet d'explorer une autre facette de mon métier tout en soutenant de nouveaux talents.

Mes collab' EN QUELQUES DATES

2021

Yanns feat T Garcia « Ma douce » inclus dans l'album *Cœur brisé*

2022

Dana & Yanns – « J'ai mal »

2023

Gosch & Yanns – « Habibti » sur l'album *Amour sincère*

2024

DJ Hamida & Yanns – « Next » sur l'album *À la bien mix party - 10 ans après*

Yanns & Gosch – « Nous deux » sur l'album *Sale Gosse*

« J'ai mal » Dana feat Yanns

Ma collaboration avec Dana a été une expérience incroyable. Dès notre première rencontre, j'ai senti qu'il y avait une vraie alchimie entre nos univers. Sa voix puissante et pleine d'émotions s'est parfaitement mêlée à mon style mélodique et dynamique. Ensemble, on voulait créer un titre qui dépasse les genres et qui parle à tout le monde, et je pense qu'on a réussi à atteindre cet objectif.

Ce projet m'a permis d'explorer une nouvelle dynamique artistique et de mettre en avant le talent exceptionnel de Dana. On a passé des heures en studio à travailler chaque détail, à partager nos idées, et à faire évoluer la chanson pour qu'elle soit exactement comme on l'imaginait. C'était vraiment une collaboration sincère, basée sur une vision commune et sur notre passion pour la musique.

Voir le public accueillir ce morceau avec autant d'enthousiasme a été une vraie récompense. Les streams ont explosé, et les vidéos sur TikTok ont commencé à se multiplier, montrant que notre travail avait touché les gens. Pour moi, cette collaboration incarne tout ce que j'aime dans la musique : le partage, la créativité, et la possibilité de faire découvrir de nouveaux talents comme Dana, tout en me renouvelant moi-même artistiquement.

« Nous deux » Yanns feat Gosch

Ma collaboration avec mon frère Gosch sur « Nous deux » est une aventure qui me tient particulièrement à cœur. Travailler avec lui, c'est bien plus qu'une simple collaboration musicale, c'est partager une passion commune et créer quelque chose qui nous ressemble. Dès le départ, on savait qu'on voulait un titre qui mélange nos univers tout en racontant une histoire sincère, et « Nous deux » est né de cette envie.

En studio, tout s'est fait naturellement. Gosch a apporté sa touche unique, son style et son énergie, qui ont parfaitement complété ma vision musicale et mon univers sonore. On s'est challengés mutuellement, en mélangeant nos idées pour créer une chanson qui, au final, reflète notre lien fraternel autant que notre créativité. On voulait un morceau qui parle d'amour avec une vibe à la fois moderne et touchante, et je pense qu'on a réussi à capturer cette essence.

« Nous deux » a été accueilli avec enthousiasme par notre public. Voir ce morceau résonner auprès des gens, c'est une fierté immense pour nous deux. Cette chanson symbolise non seulement notre complicité en tant que frères, mais aussi notre capacité à fusionner nos talents pour proposer quelque chose de nouveau. Travailler avec Gosch m'a rappelé à quel point la musique peut être une affaire de famille, un espace où on peut se connecter, partager et grandir ensemble. « Nous deux » n'est pas juste une chanson, c'est un moment fort de notre histoire commune, et j'espère que ce n'est que le début d'autres projets ensemble.

La **musique** dans le cœur

MA PLAYLIST EN OR

1. « Caravane » de Raphaël
2. « J'oublie tout » de Jul
3. « Comme ils disent » de Charles Aznavour
4. « Petite Marie » de Francis Cabrel
5. « Il venait d'avoir 18 ans » de Dalida
6. « Gigi l'amoroso » de Dalida
7. « La foule » d'Édith Piaf
8. « E Agora » de Nininho Vaz Maia
9. « Mistral Gagnant » de Renaud
10. « Mon vieux » de Daniel Guichard

MES ALBUMS INCONTOURNABLES

1. *Émotions* de Jul
2. *My Word* de Jul
3. *Pays des merveilles* de Yanns (On n'est jamais mieux servi que par soi-même)
4. *Best of* de Dalida

UNE CHANSON POUR DIRE « JE T'AIME »

Ma chanson « Je t'aime », quoi de mieux pour une demande en mariage ?

UNE CHANSON POUR REMONTER LE MORAL

« Demain ça ira » de Jul

UNE CHANSON POUR DANSER

« Tití Me Preguntó » de Bad Bunny

UNE CHANSON POUR S'ENDORMIR

Inutile, je n'écoute rien pour m'endormir, je pose ma tête sur l'oreiller et je dors.

LA CHANSON QUE J'AURAIS AIMÉ ÉCRIRE

« Despacito » de Luis Fonsi. Elle a tous les atouts que j'aime, elle est solaire et parle d'amour !

Dans l'ombre des projecteurs

Ma **vie** (très) **privée**

Pour moi, mes proches et ma famille sont la pierre angulaire de tout ce que je fais.

Être artiste, c'est vivre une vie intense, entre la création, les concerts, les tournées, et la pression constante de toujours donner le meilleur de soi-même. Mais au milieu de tout ça, ma famille reste mon ancrage, mon repère. Mes proches sont présents depuis le début, avant que tout cela ne devienne une réalité, et leur soutien a toujours été inébranlable.

Ma famille, c'est ma force et ma source d'inspiration. Ils m'aident à garder les pieds sur terre, à ne pas me laisser emporter par le tourbillon du succès. Leur amour inconditionnel me rappelle ce qui est vraiment important : rester fidèle à moi-même, à mes valeurs, et à ce que je veux transmettre à travers ma musique. Ils célèbrent mes victoires avec moi, mais surtout, ils sont là dans les moments de doute, quand les choses deviennent plus difficiles.

J'ai aussi la chance d'être entouré par mes potes, ceux qui me suivent partout, peu importe où ma carrière me mène. Ils sont là, dans les loges avant les concerts, dans la voiture sur le chemin des tournées, et même pendant les moments de folie, à rire et à profiter comme au premier jour. Ces amis, c'est ma deuxième famille, ceux qui me rappellent d'où je viens et qui apportent de la légèreté et de la complicité dans mon quotidien souvent chargé. Leur soutien et leur énergie me poussent à me dépasser, et partager ces moments de réussite avec eux, c'est une des plus grandes joies de ma vie.

Sans eux, rien de tout cela n'aurait le même sens. Leur présence me rappelle que, peu importe jusqu'où je vais, ce qui compte vraiment, c'est de rester entouré de ceux qui m'aiment pour qui je suis, bien au-delà de l'artiste. Ma famille et mes amis sont mon ancrage, ma boussole et, au final, ma plus belle réussite.

Les fondations de mon parcours: **l'influence** de **mes parents**

Mes parents occupent une place centrale dans mon histoire et dans tout ce qui m'a façonné en tant qu'homme et artiste.

Mon père, d'origine portugaise, m'a transmis des valeurs fortes comme le travail, la discipline et la persévérance. Il a toujours été un modèle de stabilité avec son rythme bien réglé : travail-maison, maison-travail. Ma mère, issue d'une famille gitane espagnole, m'a, quant à elle, enseigné l'importance des racines, de la famille et des traditions. À leur manière, chacun m'a transmis des leçons de vie essentielles qui me guident encore aujourd'hui.

Leur union n'a pas duré, et ils ont divorcé lorsque j'avais une dizaine d'années. Cette séparation a marqué une étape importante de mon adolescence. Ma mère, qui n'a pas eu une enfance structurée, a eu du mal à nous imposer des règles de vie et à exercer une autorité sur nous. À 14 ans, j'ai pris une décision radicale : j'ai demandé à être émancipé. À 15 ans, j'avais déjà mon premier appartement et j'étais livré à moi-même, devant apprendre très jeune à me débrouiller seul.

Avec le recul, je comprends à quel point mes deux parents sont différents. Mon père, avec son côté très carré et rigoureux, contraste totalement avec ma mère, plus libre et plus rock n'roll. Pourtant, ces deux visions de la vie, aussi opposées soient-elles, m'ont permis de construire mon propre équilibre. Leur amour et leur soutien, chacun à leur manière, m'ont toujours accompagné, même quand la musique est devenue mon chemin. Ce sont eux qui m'ont donné la force et les valeurs qui m'aident à avancer et à me dépasser aujourd'hui.

MA MÈRE ANGÉLIQUE,
UN LIEN COMPLEXE,
MAIS SINCÈRE

Ma mère vient d'une famille nombreuse, avec six frères et sœurs. Elle a grandi en foyer. Son enfance n'a pas été facile, et elle n'a pas d'exemples familiaux solides. Quand mes parents ont divorcé, j'avais 11 ans, et cet événement l'a particulièrement éprouvée, la rendant plus vulnérable. Elle a besoin de beaucoup d'attention. J'essaie de privilégier les moments de qualité lorsque nous nous voyons. Je sais qu'elle m'aime et elle sait que je l'aime, même si notre relation connaît des hauts et des bas.

MON PÈRE CHRISTIAN, MON PILIER

Mon père, c'est un véritable pilier dans ma vie, et aussi un fan inconditionnel de ma carrière d'artiste. Rien ne lui échappe : il regarde tout, commente tout, et vérifie chaque détail, que ce soit le site Internet, le merchandising ou mes performances. Lors de mes concerts, il est toujours là, au premier rang, prêt à vivre chaque moment à fond.

Attention à celui qui oserait me critiquer ou parler mal de moi : pour lui, il est le seul à avoir ce droit. « C'est normal, je suis son père », aime-t-il dire. Et, comme toujours, il a le dernier mot. Son implication et son soutien sans faille sont une force incroyable pour moi, même si, parfois, son perfectionnisme me fait sourire. Avec lui, je sais que je peux avancer en toute confiance, car il veille toujours, avec amour et fierté.

MON FRÈRE, MON SOUTIEN : UN LIEN FORT ET DISCRET

Mon frère Hugo, que tout le monde appelle « Gosch », est une personne essentielle dans ma vie. On a grandi ensemble, traversé des hauts et des bas, et il a toujours été là pour moi, peu importent les circonstances. C'est mon soutien indéfectible, et je sais qu'il sera toujours à mes côtés, quoi qu'il arrive.

On partage énormément de choses, et même si nos chemins sont différents, il reste l'une de mes plus grandes sources d'inspiration. On a une passion commune pour la musique, et c'est quelque chose qui nous unit profondément. Je l'ai formé pour m'accompagner sur scène : il gère les backs et met l'ambiance, c'est un peu mon deuxième micro. Être un modèle pour lui, c'est à la fois une fierté et une responsabilité qui me motive à donner le meilleur de moi-même. Aujourd'hui, je le soutiens dans le lancement de sa propre carrière musicale, et je suis convaincu qu'il a tout ce qu'il faut pour réussir. La musique, on l'a dans le sang, et c'est un lien qui nous rapprochera toujours. Ensemble, on avance, chacun à sa manière, mais toujours connectés par cette même passion.

JADE, MA COMPLICE : ENSEMBLE POUR LA VIE

Je vis ma vie amoureuse avec discrétion, même si j'aime partager certains moments importants avec mes fans, notamment sur les réseaux sociaux. Je suis en couple avec Jade Lerousseau, une femme exceptionnelle qui n'est pas seulement ma partenaire de vie, mais aussi un pilier dans mon entourage professionnel, puisqu'elle gère mes événements professionnels et m'accompagne dans toutes les décisions majeurs sur ma carrière. Nous partageons une complicité extraordinaire, que ce soit dans notre quotidien ou à travers nos projets.

Depuis que nous sommes ensemble, Jade m'apporte un équilibre incroyable. Elle est à la fois mon ancre et mon soutien, aussi bien dans ma vie personnelle que dans ma carrière. Sa présence me permet de rester concentré et d'affronter les défis avec sérénité. Notre relation est faite de tendresse, de complicité et d'un profond respect mutuel. Avec elle, je me sens prêt à construire l'avenir, à partager et à avancer main dans la main.

En février 2024, nous avons vécu un moment très spécial en annonçant notre mariage sur TikTok. Ce fut une manière unique d'officialiser notre engagement, et pouvoir le partager avec nos fans a rendu l'instant encore plus émouvant. Ce fut un moment inoubliable qui symbolise l'amour et la confiance qui nous unissent. C'est un cadeau merveilleux que Jade m'offre, et cela rend notre histoire encore plus belle. Elle est, sans aucun doute, un pilier dans ma vie, une source d'inspiration et de force pour tout ce que je fais.

JORDANA, MON TRÉSOR : LES MOTS D'UN PÈRE

Ma fille, Jordana, est le véritable pilier de ma vie. Je suis devenu papa à 17 ans, un moment qui a changé ma vie à jamais et qui a donné un sens profond à tout ce que je fais. Depuis ce jour, elle occupe une place unique dans mon cœur. Être père m'a appris tellement de choses : la responsabilité, la patience, et surtout, à prendre du recul sur ma carrière pour toujours garder mes priorités en tête. Jordana est ma plus grande motivation, celle qui me pousse à donner le meilleur de moi-même, pour qu'elle ait une vie belle, équilibrée, et remplie de bonheur.

Elle vit en Allemagne avec sa maman, et même si la distance est parfois difficile, notre lien reste fort. Elle a 8 ans aujourd'hui, et je la vois grandir si vite ! Physiquement, elle ressemble beaucoup à sa maman, mais elle a hérité de mon tempérament. Elle est gentille, calme, mais aussi pleine de vie, avec une passion déjà marquée pour la danse, le chant et la musique. C'est incroyable de voir à quel point elle rayonne et s'épanouit. Jordana est mon trésor, ma plus grande fierté, et tout ce que je fais, je le fais aussi pour elle.

MA SŒUR, ANAÏS
L'OMBRE BIENVEILLANTE DE MA VIE

Ma sœur est l'aînée de la fratrie, et elle a aujourd'hui 30 ans. Elle est très discrète et préfère rester en dehors des projecteurs. Pour elle, il n'est pas question de se montrer sur les réseaux ou de m'accompagner sur scène. Elle a choisi une vie à l'écart de tout ce qui touche à ma carrière musicale, et je respecte totalement sa décision.

Même si nos univers sont très différents, elle reste un pilier pour moi. Son soutien est inestimable, même s'il se fait dans l'ombre. Sa réserve et sa manière de protéger son intimité sont aussi une leçon pour moi, car elles me rappellent l'importance de préserver un équilibre entre vie publique et vie privée.

ANTONIN, MON PETIT FRÈRE

Il a 11 ans et est une véritable source de fierté pour moi, tout comme je le suis pour lui. J'aime le voir grandir sereinement, avec ses propres rêves et sa personnalité. Il a cette honnêteté directe qui le caractérise : il n'hésite jamais à me dire les choses comme il les pense, sans détour. Mais avec moi, pas d'histoires de vedette. Je reste son grand frère et c'est l'essentiel.

Même si je préfère rester discret sur ces aspects personnels, je tiens à ce que ma famille soit toujours une source d'équilibre, un pilier dans ma vie. Partager un peu de mon histoire amoureuse avec ceux qui me suivent, c'est aussi leur permettre de mieux comprendre d'où je viens et ce qui m'a façonné. Chaque étape de mon parcours, chaque relation, a contribué à faire de moi l'homme et l'artiste que je suis aujourd'hui.

« Ma famille reste mon ancrage, mon repère. »

Le jour de mon **mariage** avec **Jade** : un moment inoubliable

Le jour de mon mariage avec Jade restera gravé dans ma mémoire comme l'un des plus beaux moments de ma vie.

Dès le matin, j'ai ressenti une vague d'émotions indescriptible. Mélange de joie, d'excitation et d'un peu de stress, je comprenais que j'étais sur le point de m'unir à celle qui partage ma vie, mes rêves et mes projets.

En la voyant arriver, sublime dans sa robe, j'ai eu le souffle coupé. J'ai ressenti un amour immense, comme si tout ce qu'on avait vécu jusque-là prenait un sens encore plus profond. C'était une évidence : Jade est celle avec qui je veux avancer pour toujours. À cet instant, entouré de nos familles, de nos amis, et des personnes qui comptent pour nous, je me suis senti à la fois privilégié et comblé.

Ce jour-là, j'ai compris que le bonheur réside dans les choses simples mais essentielles : l'amour sincère, le partage et le soutien inconditionnel. Les sourires, les regards complices, les larmes de joie... tout était parfait. Même si je suis habitué aux scènes et aux projecteurs, rien ne pourra jamais égaler l'émotion ressentie ce jour-là, dans cette intimité si précieuse.

Notre mariage, c'était bien plus qu'une célébration. C'était la promesse d'un avenir ensemble, main dans la main, avec des projets plein la tête et l'envie de construire notre famille. En voyant Jade, en partageant ce moment avec elle, j'ai su que je vivais un chapitre unique, l'un de ceux qui marquent une vie.

Mrs

Jade, la femme qui m'inspire et me rend meilleur

Pour moi, Jade est une femme exceptionnelle, celle qui apporte équilibre et sérénité dans ma vie. Ce que j'admire le plus chez elle, c'est sa patience et sa capacité à toujours être à l'écoute. Peu importe les situations, elle sait trouver les bons mots pour m'apaiser et m'aider à prendre du recul. Sa bienveillance et sa générosité se ressentent dans tout ce qu'elle fait. Elle est toujours là pour les autres, prête à donner sans rien attendre en retour.

Jade possède aussi cette force tranquille qui m'inspire au quotidien. Elle est calme, posée, et sa présence me rassure. C'est elle qui m'aide à garder les pieds sur terre quand tout va trop vite. Sa détermination est incroyable : quand elle s'engage dans quelque chose, elle le fait à fond, et c'est un trait que j'admire énormément. Que ce soit dans son travail ou dans notre vie, elle montre à quel point l'effort et la persévérance comptent.

Elle est aussi mon soutien inconditionnel. Jade croit en moi même quand, parfois, je doute. Elle est celle qui me pousse à me dépasser, à devenir la meilleure version de moi-même. Elle m'inspire par sa personnalité, ses valeurs et son regard positif sur la vie. Avec elle, je me sens plus fort, prêt à relever n'importe quel défi.

Enfin, ce qui nous lie, c'est cette complicité unique. On partage tout, des petits bonheurs du quotidien aux moments plus difficiles. Jade sait célébrer mes victoires avec moi, mais aussi m'apporter du réconfort quand j'en ai besoin. Avec elle, je sais que je peux avancer sereinement. C'est ma partenaire, mon pilier, et celle avec qui je veux construire l'avenir.

« Ma chère **Jade,**

Depuis que nos chemins se sont croisés, ma vie a pris une direction que je n'aurais jamais imaginée. Chaque jour passé à tes côtés est un cadeau précieux, un moment que je chéris profondément. Ta douceur, ton amour incommensurable, et ta lumière m'inspirent à être une meilleure personne.

J'ai écrit beaucoup de chansons, mais aucune ne pourrait vraiment capturer l'ampleur de ce que je sens pour toi. Tu es celle qui rend chacun de nos moments encore plus intenses.

Je suis honoré d'être à tes côtés, d'écrire notre histoire ensemble et de voir notre amour grandir à travers les épreuves et les moments heureux. Je ne peux qu'imaginer toutes les belles choses que l'avenir nous réserve, mais une chose est certaine : tant que tu seras là, ça ira.

Je t'aime plus que tout, et je remercie chaque jour la vie de m'avoir offert un amour aussi pur et fort.

Avec tout mon amour,
Yanns »

Parler d'amour... en chanson

Je n'ai jamais caché mon amour pour les chansons qui parlent de l'amour et de la vie de couple. Pour moi, la musique est un moyen d'exprimer des émotions authentiques, parfois intimes, et je me sens libre d'explorer toute la palette des sentiments.

Pour moi, l'amour est une source d'inspiration essentielle, et je pense que mes fans peuvent se retrouver dans les paroles sincères que j'écris. Je n'ai jamais hésité à écrire des chansons très personnelles. Je ne suis pas impudique, je suis authentique. Mon public le sait.

Parler d'amour, c'est avant tout partager une vérité personnelle et une expérience universelle. J'aime que mes chansons résonnent chez mes fans, et je ne cherche pas à camoufler ou minimiser mes émotions. Loin d'être gêné par le côté « romantique », je considère que la sincérité dans l'expression des sentiments est ce qui rend la musique encore plus puissante.

Lettre à **Jordana**

Cette lettre, écrite avec le cœur, est dédiée à ma fille Jordana. À travers ces mots, je souhaite lui rappeler à quel point elle est essentielle dans ma vie. C'est une déclaration d'amour d'un père à sa fille, un témoignage sincère de fierté, de tendresse et de promesses pour l'avenir. Peu importe où la vie la mènera, elle pourra toujours compter sur moi, car elle est et restera mon plus grand trésor.

« Ma chère **Jordana,**

Je t'écris cette lettre pour te dire à quel point tu es mon trésor.

Tu es la plus belle partie de ma vie, et chaque instant passé avec toi est un cadeau. Je suis si fier de toi et de tout ce que tu accomplis. Ta gentillesse, ton intelligence, et ta façon d'abord de me soutenir dans ma vie d'artiste me font grandir également.

Je veux que tu saches que peu importent les chemins que tu emprunteras, je serai toujours là pour te soutenir, pour t'écouter, et t'aimer.

Avec tout mon amour,
Papa »

Gravés sur ma peau : mes **tatouages**, mon **histoire**

Mes tatouages sont bien plus que de simples dessins; ils racontent mon histoire, mes souvenirs et mes émotions les plus profondes.

Chaque pièce d'encre gravée sur ma peau symbolise un moment clé de ma vie ou une valeur qui me tient à cœur. C'est ma façon de m'exprimer, au-delà des mots, et de garder avec moi ce qui compte vraiment.

J'ai des tatouages un peu partout : sur les bras, le torse, et même le visage, chacun avec une signification unique. Certains rendent hommage à mes proches. Pour honorer ma fille Jordana, j'ai tatoué son prénom et sa date de naissance sur ma peau, car elle est mon plus grand trésor. J'ai également choisi de représenter un père tenant un enfant par la main, un symbole puissant de ma présence constante à ses côtés, pour la soutenir et l'accompagner tout au long de sa vie. Sous mon pectoral, trois étoiles de tailles différentes représentent ma fratrie : la plus grande symbolise ma sœur aînée, la moyenne, c'est moi, et la plus petite, mon petit frère (je me suis fait tatouer avant la naissance de mon dernier petit frère).

Ma foi est également très présente dans mes tatouages. Sur mon bras, on retrouve une croix, le Christ, la Sainte-Muerte et Marie, des symboles qui me rappellent mes croyances et la force qu'elles m'apportent au quotidien.

THE

BALR.
FOREVER

D'autres tatouages traduisent mes passions.

En tant que fan de Las Vegas et du black-jack, j'ai choisi d'immortaliser ces symboles sur ma peau : des références aux cartes, au dollar et à cet univers qui me fascine. Sur mes doigts, on peut lire mon année de naissance, 1998, comme un ancrage dans mes origines. Quant à mon bras gauche, il porte un rasoir et une paire de ciseaux, un clin d'œil à ma passion pour la coiffure, qui a marqué une période importante de ma vie.

Sur mon visage, j'ai fait tatouer le mot AMOUR. C'est un choix fort qui reflète la place que l'amour occupe dans ma vie, que ce soit pour ma famille, mes proches ou mes fans.

Ces tatouages, c'est ma marque de fabrique, des signes de reconnaissance que mes fans adorent. Certains m'ont tellement exprimé leur admiration que j'ai créé des autocollants de mes tatouages pour les distribuer lors de mes concerts. C'est ma manière de partager un peu de moi avec eux, comme un lien qui nous unit.

Tous mes tatouages sont réalisés par mon tatoueur au Portugal, une personne de confiance qui comprend mon histoire et ma vision artistique. Chacun d'eux a une place bien précise, une signification qui fait sens dans mon parcours. Ils me rappellent chaque jour d'où je viens, qui je suis, et ce que je souhaite transmettre.

Le lien précieux avec **mes fans**: un soutien **indéfec-tible**

Ma relation avec mes fans est bien plus qu'un simple échange: c'est une véritable connexion qui donne du sens à ce que je fais.

Les réseaux sociaux jouent un rôle central dans ce lien. TikTok, Instagram et d'autres plateformes sont devenus bien plus que des outils pour partager ma musique. Ce sont des espaces où je peux interagir directement avec ceux qui me soutiennent, écouter leurs retours et partager une partie de mon quotidien avec eux.

TikTok, en particulier, a été une révolution pour moi. C'est une plateforme où tout va très vite, où la créativité est reine, et où j'ai pu voir ma musique se propager comme jamais. Les fans y créent des vidéos, des chorégraphies, et réinventent mes morceaux d'une manière que je n'aurais jamais imaginée. Chaque notification, chaque vidéo, c'est comme une validation directe de mon travail, mais surtout une preuve que mes chansons touchent les gens dans leur vie de tous les jours.

Les messages que je reçois sur Instagram ou les commentaires sous mes posts sont souvent remplis d'émotions. Les fans me racontent comment mes morceaux les accompagnent, les font sourire, ou les aident à traverser des périodes difficiles. Lire ces témoignages me rappelle pourquoi je fais de la musique. Ça va bien au-delà des chiffres ou des classements, c'est une vraie connexion humaine qui se construit jour après jour.

Les réseaux sociaux me permettent aussi de rester accessible. Peu importe où je suis, je peux échanger directement avec eux, répondre à leurs messages ou simplement les remercier. C'est un moyen de leur montrer que je les écoute et que leur soutien est essentiel pour moi. Ces interactions, aussi simples soient-elles, me donnent une énergie incroyable pour continuer à créer et à partager ma musique.

L'impact de l'amour et de l'enthousiasme de mes fans

Mes fans, c'est vous qui donnez tout son sens à ce que je fais. Vos messages, votre énergie, vos sourires… ça me touche profondément. Quand je vois vos enfants chanter mes chansons, comme « Clic clic pan pan », je me dis que ma musique traverse les générations, et c'est juste incroyable.

Sur scène, j'essaie toujours de créer un moment unique. Pour moi, ce n'est pas juste un show : c'est une rencontre avec vous. Vous êtes là avec votre enthousiasme, et moi, je veux vous faire plaisir en retour. Du fond du cœur, un grand merci pour cette belle aventure qu'on vit ensemble. J'ai beaucoup de chance d'avoir des fans comme vous. J'espère ne jamais vous décevoir.

Messages des **fans**

Yanns, je veux te dire merci.
Merci pour ta musique, ta joie, et tout ce que tu m'apportes au quotidien. Tes chansons me donnent de l'énergie toute la journée, ça me donne envie de danser.

→ **Julie (12 ans), Bordeaux**

Nos enfants chantent tes paroles par cœur,
et ça devient des moments de partage uniques en famille.

→ **Valérie et Patrice, Lille**

Si, j'ai un coup de déprime, je mets direct « Clic clic pan pan » à fond.
Je chante et je danse sans m'arrêter. Yanns, c'est de la bonne *vibe* assurée !

→ **Marion (24 ans), Paris**

Ce sont mes petits-enfants qui m'ont fait découvrir tes chansons.
Voir leurs yeux s'illuminer en écoutant ta musique, c'est magique. On te remercie aussi pour ta générosité et ta sincérité.

→ **Géraldine (53 ans), Dijon**

Mes enfants m'ont traîné à l'un de tes concerts.
J'ai passé un moment formidable ! On ressent à quel point tu donnes tout pour nous pour nous faire passer un moment inoubliable. Ces moments, ce sont des souvenirs gravés à jamais. Merci.

→ **Luc (38 ans), Nancy**

Reste comme tu es, ne change rien.
Tu fais partie de nos vies, et on est fiers de te suivre dans cette belle aventure. Merci, Yanns, pour ces « paillettes dans les yeux » que tu sais si bien nous offrir.

→ Lucile (14 ans) et Adam (12 ans), Paris

Yanns, tu es notre rayon de soleil !
Tes chansons mettent de la couleur dans nos journées. Ma fille de 8 ans chante « Clic clic pan pan » à tue-tête tous les matins avant l'école, et ça nous donne à toutes les deux une énergie incroyable. Merci de faire partie de nos moments en famille.

→ Fatiha (35 ans), Limoges

Merci pour tout ce que tu fais, Yanns.
À chaque concert, tu crées une connexion si spéciale avec nous. On sent que tu es sincère, que tu partages ton cœur à travers ta musique. Ce n'est pas juste des chansons, c'est une vraie expérience qui nous rapproche les uns des autres.

→ Sylvain (11 ans) et Nicolas (11 ans), Biarritz

Tu rends nos vies plus belles !
Tes paroles, ta musique, ton sourire… tout chez toi respire la joie et la générosité. Même dans les moments un peu durs, on met une de tes chansons et tout de suite, on va mieux. Tu es vraiment une source de bonheur.

→ Jimmy (14 ans), Belfort

Yanns, tu es unique.
Merci de rester accessible et de partager des moments si forts avec nous, que ce soit sur scène ou dans tes stories. On adore suivre ton parcours et voir comment tu réussis tout en restant humble. Ne change jamais !

→ Patricia (17 ans), Nice

Mon fils veut te voir en concert, c'est son rêve!

Il n'a que 10 ans, mais il connaît toutes tes chansons par cœur. Quand je lui ai dit que je lui avais pris des places pour ton prochain concert, il a sauté de joie comme jamais. Merci de faire rêver nos enfants et de les inspirer !

→ Cyril (43 ans), Toulouse

Tu es plus qu'un artiste, tu es une source d'inspiration.

Ta musique nous rassemble, elle crée du lien entre nous, et c'est tellement précieux. Continue de nous faire rêver et danser. On sera toujours là pour toi.

→ Emma (9 ans), Metz

Mon fils a appris à chanter grâce à toi.

Il n'a que 6 ans, mais il connaît déjà toutes les paroles de « Bébé » et « Clic clic pan pan ». Ta musique l'a motivé à apprendre et à oser chanter devant nous. C'est fou l'impact que tu as, même sur les plus petits.

→ Nathalie (27 ans) et Alexandre (3 ans et demi), Troyes

Merci d'être aussi proche de nous, Yanns.

Lors de ton dernier concert, tu nous as parlé comme si on était des amis de longue date. Ça m'a marqué. Tu sais créer des liens sincères avec ton public, et c'est pour ça qu'on t'aime autant.

→ Jenny (19 ans), Clermont

C'est fou comme ta musique réunit les gens.

Lors de ton dernier show, je suis venue avec mes amis, et on a rencontré d'autres fans sur place. On a chanté ensemble comme si on se connaissait depuis toujours. On a passé un super concert.

→ Paula, Ruben et Mathieu (17 ans, 19 ans et 24 ans), Nantes

Yanns, tu mets du soleil dans nos cœurs.
Avec toi, c'est comme si la vie était une fête permanente. On oublie nos soucis, on profite de l'instant. Merci pour tout ce que tu fais pour nous, sans même le savoir.

→ Judith (15 ans)

Tes paroles nous parlent, Yanns.
Même si certaines de tes chansons sont légères et festives, on sent toujours une vraie sincérité derrière. Ça fait du bien d'avoir un artiste qui mélange joie et authenticité. Continue comme ça, on te suit à fond !

→ Lucie (24 ans)

On ressent ton cœur dans ta musique.
Tu n'es pas juste un chanteur, tu es un vrai artiste qui donne tout.

→ Judith (9 ans)

C'était incroyable, on a dansé du début à la fin !
Yanns met une ambiance de folie. Ses chansons prennent encore plus de puissance en live. On ressent toute son énergie, et on repart avec un grand sourire.

→ Mina (13 ans)

YANNS

Mar Tirreno
JACK&JONES
EST.1990

Mes **passions** au-delà de la musique: **football**, **coiffure** et **mode**

En dehors de la musique, le football a toujours occupé une place spéciale dans ma vie.

J'ai commencé à jouer dès l'âge de 5 ans et, à 12 ans, j'ai intégré le centre de formation. À l'époque, mon rêve était clair : devenir footballeur professionnel et – qui sait ? – porter un jour le maillot de l'équipe de France. Mais la vie en a décidé autrement. Une blessure aux ligaments croisés a porté un coup d'arrêt à mes ambitions. Ce fut ma plus grande déception. Après six mois loin des terrains, je n'ai pas retrouvé mon niveau d'avant. À 17 ans, j'étais moins concentré, distrait par les sorties avec mes amis, et ça se ressentait sur le terrain. Plutôt que de m'apitoyer, j'ai décidé de transformer cette épreuve en opportunité et de me tourner vers une autre passion qui, finalement, a changé ma vie : la musique.

En parallèle, j'ai aussi nourri un intérêt particulier pour la coiffure. Quand j'avais 16 ou 17 ans, j'ai entrepris une formation dans ce domaine, principalement pour subvenir aux besoins de ma famille. Le parcours scolaire classique ne me convenait pas, mais j'ai toujours été passionné par les coupes de cheveux, notamment celles des stars du football comme Cristiano Ronaldo. J'étais celui qui avait toujours la meilleure coupe au lycée, celui qui inspirait les autres par son style. Reproduire les coiffures iconiques des footballeurs était mon truc. Je me coupais les cheveux moi-même. C'est d'ailleurs cette passion qui m'a conduit à intégrer le centre de formation et d'apprentissage de coiffure à Nancy. Même si ma carrière musicale a pris le dessus, cette expérience m'a appris beaucoup sur la créativité et la discipline.

Enfin, la mode est une autre de mes grandes passions. Elle me permet de m'exprimer, d'affirmer mon identité et de construire mon image en tant qu'artiste. À la sortie de « Clic clic pan pan », j'ai lancé ma propre ligne de tee-shirts. J'ai vendu plus de 100 000 tee-shirts *via* mon e-shop et pendant mes concerts. Avec ce projet, je suis devenu l'un des artistes ayant le plus grand succès en merchandising dans l'univers musical.

Ces trois passions – le football, la coiffure et la mode – ont chacune contribué à façonner qui je suis aujourd'hui. Elles m'ont enseigné la créativité, la discipline et l'importance de toujours trouver une façon d'exprimer qui je suis, que ce soit sur le terrain, derrière une paire de ciseaux ou sur scène.

FC Metz, une passion gravée dans mon histoire

Le FC Metz, c'est plus qu'un club pour moi. C'est une histoire, une passion, un lien profond avec mes racines. Depuis tout petit, j'ai toujours suivi les Grenats, vibré devant leurs matchs, ressenti cette fierté quand ils se battaient sur le terrain. Ce club représente l'état d'esprit que j'aime : la combativité, la persévérance et l'amour du maillot.

Quand j'étais gamin, je regardais les matchs en rêvant d'être à leur place, d'entrer sur la pelouse du stade Saint-Symphorien sous les acclamations des supporters. Aujourd'hui, c'est dans la musique que je vis mes rêves, mais le football reste en moi. Comme Metz, j'ai dû me battre pour me faire une place, partir de rien et prouver que tout est possible avec du travail et de la passion.

Et puis, il y a trois ans, j'ai réalisé un rêve : voir mon nom sur le maillot du FC Metz. Pas en tant que joueur, mais en tant que partenaire. C'est une immense fierté de pouvoir associer mon parcours à celui du club de ma ville de cœur. Metz fait partie de mon histoire, et aujourd'hui, mon nom est inscrit sur ce maillot que j'ai tant admiré. C'est ma manière de rendre hommage à cette ville qui m'a vu grandir, à ce club qui m'a inspiré et à tous ceux qui, comme moi, portent ces couleurs avec fierté.

Avoir cette chance, c'est un honneur. Et peu importe où la vie me mènera, je resterai toujours derrière les Grenats. Parce que le FC Metz, ce n'est pas juste du football, c'est une famille. Et moi, j'en fais partie.

Entre **streetwear** et **créativité**

Pour moi, la mode est bien plus qu'un simple moyen de m'habiller, c'est une manière d'exprimer ma personnalité et ma créativité.

Mon style est avant tout inspiré par le streetwear, un univers qui me parle et qui correspond parfaitement à mon état d'esprit. Je privilégie des tenues décontractées, mais toujours travaillées.

Je suis souvent habillé avec des jeans ajustés, des tee-shirts graphiques aux designs originaux, ou des sweats confortables qui ajoutent une touche décontractée tout en restant stylés. Les baskets jouent un rôle clé dans mes tenues : j'aime porter des modèles emblématiques et tendances, parfois même des éditions limitées, qui apportent une vraie signature à mon look. Pour moi, une bonne paire de sneakers peut transformer n'importe quelle tenue et en dire beaucoup sur m'a personnalité. Les accessoires sont aussi essentiels dans mon style. J'aime aussi mixer les couleurs et les textures pour sortir du lot, tout en restant fidèle à une esthétique urbaine et actuelle.

Cette passion pour la mode m'a naturellement poussé à lancer ma propre ligne de vêtements et d'accessoires. Pouvoir imaginer des designs, jouer avec les logos, les couleurs et les coupes, c'est une facette artistique qui me plaît énormément. J'ai voulu créer une collection qui reflète mon univers, à la fois proche de mes racines streetwear et accessible à mes fans. Avec cette aventure, j'ai pu réunir mes deux passions : la musique et la mode, en créant des pièces qui me ressemblent et que les gens peuvent porter fièrement. Vous pouvez d'ailleurs retrouver toute ma collection sur mon site officiel, Yanns.shop

Pour moi, la mode, tout comme la musique, est une forme de langage. C'est une manière de montrer qui je suis, d'affirmer mon identité et de rester fidèle à ce qui me représente, sur scène comme dans la vie de tous les jours.

RHU

Le lancement de ma propre ligne de vêtements: une aventure personnelle.

Créer ma propre ligne de vêtements a été une étape importante pour moi, un vrai prolongement de ma passion pour la mode. J'ai décidé de me lancer pour ma propre marque, en gardant le contrôle de chaque étape, tout en étant bien entouré. Même si je réalise moi-même les designs sur mon ordinateur, je travaille avec des professionnels pour concrétiser mes idées. Je collabore avec un designer qui m'aide à finaliser les prototypes et avec des équipes chargées de la confection. Mon but était clair : proposer des vêtements de qualité, stylés et accessibles à tous.

Dès le départ, j'ai voulu créer des pièces mixtes, qui puissent être portées par tout le monde, hommes, femmes, et même les enfants. L'idée était de réunir mes fans autour d'une mode qui me ressemble, inspirée du streetwear et facile à porter au quotidien. Les critères étaient simples : un bon rapport qualité-prix, des matériaux confortables et durables, et un design qui se distingue. Chaque pièce devait représenter mon univers, tout en restant abordable pour mon public.

Le premier succès est arrivé avec mes tee-shirts « Clic clic pan pan », que j'ai moi-même imaginés. Aujourd'hui, la gamme s'est élargie avec des casquettes, des sweats à capuche, et des bonnets. Le fait de voir des gens, petits et grands, porter mes créations est une immense fierté. Cette aventure m'a appris qu'avec de l'envie, du travail et une bonne équipe, tout est possible.

Le style, une seconde peau

Décryptage de ma tenue

J'ai toujours aimé la mode. Pour moi, ce n'est pas juste une question de vêtements, c'est un moyen d'exprimer qui je suis, ce que je ressens, et même mon état d'esprit du moment. J'aime jouer avec les couleurs, les matières, les styles, et mixer des pièces audacieuses avec des classiques intemporels.

Ici, j'ai choisi un look qui reflète parfaitement ma vision de la mode : un mélange d'originalité et de simplicité, où chaque élément a son importance. Je voulais une tenue qui me ressemble, à la fois stylée, confortable et impactante.

Pull en maille jaune vif signé d'un grand couturier

- J'adore porter des couleurs qui se démarquent, et ce jaune éclatant capte immédiatement l'attention.
- La maille ajourée donne une texture originale et un effet de légèreté.
- Le col à rabat avec des bandes rouges et noires apporte une touche rétro que j'aime beaucoup.

Pantalon noir ajusté

- Il équilibre parfaitement le pull flashy en apportant de la sobriété.
- Une coupe ajustée qui donne un côté élégant tout en restant confortable.
- Un basique intemporel qui permet d'éviter une surcharge visuelle et met en valeur le haut.

Sneakers noires et blanches

- J'aime les baskets stylées mais pratiques, et celles-ci sont un parfait compromis.
- Le noir et blanc s'accorde bien avec le reste du look.
- Elles ajoutent une touche urbaine et décontractée, ce qui est totalement mon style.

Tatouages visibles sur le cou et les mains

- Mes tatouages font partie de mon identité et ajoutent du caractère à mon look.
- Avec le contraste des couleurs et l'éclairage tamisé, ils ressortent encore plus.

Fauteuil de réalisateur et ambiance tamisée

- Je voulais une posture qui dégage de l'assurance et du calme.
- L'éclairage met en valeur les contrastes et donne du relief à l'image.
- Un rendu simple mais classe, colle parfaitement à mon univers.

Ce look, c'est tout moi : une combinaison d'éléments forts et équilibrés, avec une vraie identité. La mode, c'est un moyen d'être moi-même et de montrer un peu plus de ma personnalité sans avoir à dire un mot.

Ma journée type : entre **rigueur**, **musique** et **famille**

Ma journée commence toujours par un rituel incontournable… un grand café !

Lève-tôt, je suis debout au plus tard à 7 heures. Maniaque dans l'âme, je range tout dès le matin : j'aime que mon environnement soit impeccable. Donc, mon café est souvent accompagné d'un petit tour par les tâches ménagères.

Ensuite, je vérifie mes messages et ma boîte e-mail pour gérer la logistique de mes activités : dédicaces, matériel pour les concerts, répétitions… Mon planning est carré et je ne laisse rien au hasard. Être organisé me rassure et me permet de garder le contrôle sur tout ce qui touche à ma musique et mes projets.

Avec l'évolution de ma carrière, j'ai maintenant des bureaux pour gérer tout ça. Avant, je faisais tout depuis mon salon, mais ce n'était plus viable à mesure que ma carrière se professionnalisait. Aujourd'hui, mes journées sont rythmées par l'écriture, l'enregistrement et parfois des collaborations avec d'autres artistes ou producteurs. La création reste le cœur de mon quotidien, et c'est un processus que j'adore profondément.

DIGITAL MIXING CONSOLE

Je consacre aussi du temps aux réseaux sociaux, surtout sur TikTok, où je partage mes nouvelles créations et échange avec mes fans. Cette plateforme a joué un rôle clé dans mon lancement, et je tiens à maintenir cette proximité avec mon public. Étant à la tête de mon propre label, Yanns Records, j'ai aussi des responsabilités importantes : gestion du merchandising, validation des designs, suivi des commandes sur mon e-shop… Je m'assure que tout est parfait, jusqu'au packaging. Tout est minutieusement pensé, parce que je refuse de décevoir mes fans.

J'enregistre tous mes morceaux à la maison ! Ça, c'est mon côté ultra indépendant…, et il faut le dire, c'est surtout très pratique ! Même si la musique me fait souvent voyager, garder ce lien avec ma région est essentiel pour moi.

Enfin, ma vie familiale est une priorité. Je m'efforce de passer du temps de qualité avec ma famille et mes proches. À la maison, je redeviens Monsieur Tout le monde : je cuisine des plats simples (je ne suis pas un chef, mais j'aime mettre la main à la pâte) et je termine souvent ma soirée devant Netflix. J'ai une vie quotidienne assez classique. Je n'ai pas changé beaucoup mes habitudes. Cet équilibre entre ma vie musicale et ma vie personnelle est crucial pour me sentir épanoui et rester fidèle à moi-même.

L'interview
secret

QU'AS-TU FAIT DE TON PREMIER CACHET ?

Je me suis acheté une voiture ! Une BMW série 1 noir… et des meubles Ikea. J'avais le rêve de tourner un clip à la Martinique, dans un endroit paradisiaque, j'ai pu aussi réaliser cela pour ma chanson « Maria Maria ».

AVEC QUEL ARTISTE MASCULIN AIMERAIS-TU FAIRE UNE COLLABORATION ?

Sans hésitation, Maluma !

POUR QUEL ARTISTE MASCULIN AIMERAIS-TU ÉCRIRE UNE CHANSON ?

Mon petit frère Gosch. Écrire son premier grand succès serait une fierté incroyable pour moi.

POUR QUELLE ARTISTE FÉMININE AIMERAIS-TU ÉCRIRE UNE CHANSON ?

La chanteuse colombienne Karol G.

Y A-T-IL UNE CHANSON QUE TU AS ÉCRITE, MAIS QUE TU N'AS JAMAIS OSÉ SORTIR ? POURQUOI ?

Oui, elle s'intitule « JPP », pour Jean-Pierre Papin. J'avais fait un son à la « Jul » sur le joueur, très rap urbain, avec des gros mots, etc. Je n'assume pas au final, ça ne me correspond pas.

Y A-T-IL UNE ÉMOTION QUE TU TROUVES DIFFICILE À TRADUIRE EN MUSIQUE ?

Ce que le succès procure. C'est une notion difficile à faire comprendre. Une sensation à part que seuls ceux qui connaissent le succès peut appréhender. C'est difficile à décrire. Je trouve que paradoxalement, exprimer les sentiments tels que l'amour ou l'amitié, c'est plus facile.

AS-TU UN RITUEL PARTICULIER QUAND TU COMPOSES OU ENREGISTRES ?

Un thé à la menthe avec du miel servi dans une grosse tasse Starbucks. Pour la petite histoire, nous étions à la gare de Nancy en train d'attendre le train au café Starbucks. J'ai reçu un appel et je suis sorti avec la tasse dans la main. Jade finit par me dire : « Dépêche-toi, on va rater le train » et dans la précipitation, j'ai gardé la tasse la main… jusqu'à ma place dans le wagon. Depuis, elle ne me quitte jamais en studio !

YANNS

Ces cinq lettres incarnent mon identité et font écho dans mon parcours.

Y

YIN-YANG

Je trouve un équilibre entre différents univers musicaux et cultures.

A

AUTHENTIQUE

Je reste fidèle à mes émotions et à mon intuition dans mes créations.

N

NOVATEUR

J'explore des sons et des inspirations variées, comme la scène latino-américaine.

N

NATUREL

Mon parcours autodidacte reflète ma simplicité et mon authenticité dans mon art.

S

SOLAIRE

Mes chansons et mon énergie rayonnent auprès de mon public.

YANNS : de A à Z

A
AUTHENTIQUE
Je reste fidèle à mes émotions et à mon intuition.

B
BATTANT
Je ne baisse jamais les bras face aux défis.

C
CRÉATIF
J'invente et je réinvente constamment ma musique.

D
DÉTERMINÉ
Je poursuis mes rêves avec passion.

E
ÉMOTIONNEL
Je partage mes sentiments à travers mes chansons.

F
FIDÈLE
Je reste proche de mes racines et de mes inspirations.

G
GÉNÉREUX
Je donne tout à mon public, sans retenue.

H
HUMBLE
Je n'oublie jamais d'où je viens.

I
INSPIRÉ
Je puise mes idées dans mes expériences et mes voyages.

J
JOYEUX
Mon énergie positive est communicative.

K
KIFFANT
Mon objectif est de créer de la musique qui fait plaisir et fait danser.

L
LUMINEUX
J'apporte une touche d'éclat à travers mes mélodies.

M

MOTIVÉ

Je travaille dur pour atteindre mes objectifs.

N

NATUREL

Je reste moi-même dans tout ce que je fais.

O

OUVERT

Je suis réceptif à de nouvelles idées et collaborations.

P

PASSIONNÉ

La musique est mon moteur principal.

Q

QUÊTEUR

Je suis toujours à la recherche de sons et d'émotions inédites.

R

RÉFLÉCHI

Chaque chanson est le fruit d'une introspection personnelle.

S

SOLAIRE

Je diffuse des ondes positives à travers ma musique.

T

TRAVAILLEUR

Je m'investis à fond pour donner le meilleur de moi-même.

U

UNIQUE

Mon style et mon parcours reflètent ma singularité.

V

VISIONNAIRE

Je me projette toujours vers l'avenir avec ambition.

W

WANDERLUST

Mes voyages nourrissent ma créativité et ma musique.

X

X-FACTOR

Ce petit truc en plus qui me rend différent et spécial.

Y

YIN-YANG

Je trouve un équilibre entre mes influences et mes créations.

Z

ZÉLÉ

Je suis infatigable dans ma passion et mon travail.

Fan de YANNS
Jeux en chansons

QUIZ

Fan de Yanns ? Vraiment ?

Teste tes connaissances sur ton artiste préféré avec ce super quiz !

1. Comment s'appelle la première chanson de l'album *Partir loin* ?

A. « Anastasia »

B. « Un autre monde »

C. « Dans tes yeux »

Réponse : B

2. Comment s'appelle la chanson que Yanns et son frère Gosch ont faite ensemble ?

A. « Gitana »

B. « Ma belle »

C. « Toujours loin de nous »

Réponse : A

3. Quel est le vrai prénom de Yanns ?

A. Yohan

B. Yannis

C. Yannick

Réponse : C

4. Comment s'appelle la chanson qui a fait le buzz en 2021 ?

A. « Clic clic pan pan »

B. « Pan clic pan »

C. « Clic clac pan pan »

Réponse : A

5. Où Yanns s'est-il fait connaître ?

A. À l'émission *The Voice*

B. Sur YouTube

C. Sur TikTok

Réponse : C

6. Avec qui Yanns a-t-il fait le feat de « Ma douce » ?

A. Noodels

B. T Garcia et DJ Assad

C. Soprano

Réponse : B

7. Où est né Yanns ?

A. À Nancy

B. À Strasbourg

C. À Metz

Réponse : C

8. Dans la chanson « Mains en l'air », Yanns fait référence à son sport préféré. Lequel?

A. Le football

B. Le BMX

C. Le tennis de table

Réponse : A

9. Dans le clip « J'ai mal » de Dana feat Yanns, de quelle couleur est la voiture?

A. Bleue

B. Verte

C. Noire

Réponse : B

10. Quelle est la date de naissance de Yanns?

A. 15 novembre 1997

B. 21 août 1998

C. 1er décembre 1996

Réponse : B

11. Comment s'appelle la deuxième chanson de l'album *Partir loin*?

A. « À la vie, à l'amour »

B. « Bip bip »

C. « Elle t'a pisté »

Réponse : B

12. Comment s'appelle la fille de Yanns?

A. Lola

B. Jordana

C. Eva

Réponse : B

13. Comment s'appelle la femme de Yanns?

A. Marina

B. Suzanne

C. Jade

Réponse : C

14. Qui est l'idole de Yanns?

A. Jul

B. Kendji Girac

C. Ninho

Réponse : A

15. Où Yanns a-t-il fait un concert pour son anniversaire?

A. Damelevières

B. Damelière

C. Damelavielle

Réponse : A

16. Comment s'appelle le label de Yanns?

A. Universal Music

B. Prodige Music

C. Sony Music

Réponse : B

17. Quel est le club de football favori de Yanns?

A. PSG

B. FC Metz

C. OM

Réponse : B

18. Combien d'albums studio Yanns a-t-il sortis?

A. 5

B. 4

C. 6

Réponse : C

19. Quel est le nom du dernier album de Yanns?

A. *Partir loin*

B. *1998*

C. *Sale Gosse*

Réponse : C

20. En 2024, quel est le nom du film qui utilise la chanson « Clic clic pan pan » au générique?

A. *Un p'tit truc en plus*

B. *Le Comte de Monte-Cristo*

C. *Vice Versa 2*

Réponse : A

Résultats

Tu obtiens entre 15 et 20 bonnes réponses

Bravo ! Tu es un fan inconditionnel de Yanns. Ton artiste préféré n'a plus de secret pour toi. Tu connais ses chansons par cœur, tu es attentif à la moindre information le concernant. Tu te déplaces dès que possible pour le voir en concert. Pour toi, il est inégalable et ce fanbook est une pépite à conserver précieusement !

Tu obtiens entre 10 et 15 bonnes réponses

Bien joué ! Tu as une très bonne connaissance de ton artiste, mais il faut réviser un peu quelques informations. Pas de doutes le fanbook que tu as entre les mains va te permettre de compléter tes connaissances. On poursuit la lecture ?

Tu obtiens entre 5 et 10 bonnes réponses

Bon score pour un fan débutant ! Ne te décourage pas grâce à ce fanbook, tu as de quoi en savoir plus sur ton nouvel artiste préféré… et devenir incollable rapidement.

QUIZ

Si on **chantait ?**

À toi de jouer et de démontrer que tu connais bien les hits de Yanns !

1. Dans quelle chanson Yanns chante-t-il les paroles:

Dis-lui que tu l'as dans la tête et quoique tu fasses tu ne peux pas vivre sans elle.

A. « Celle qu'il te faut »

B. « Clic clic pan pan »

C. « Bébé »

Réponse : A

2. Quel est le titre de la chanson où tu retrouves ces paroles?

L'amour j'y connais rien, mais ce qui est sûr, c'est que je te veux, toi.

A. « Clic clic pan pan »

B. « Encore un peu »

C. « Mon chouchou »

Réponse : C

3. De quelle chanson est extraite cette phrase:

Dis-moi si tu te sens pas heureuse,
j'ai l'impression que t'es malheureuse.

A. « Je t'aime »

B. « Bébé »

C. « Suncity »

D. « Mon chéri »

Réponse : A

4. Complète les paroles de la chanson « Clic clic pan pan »:

Et ça fait clic, clic, clic, pan pan pan...

A. Tu me fais tourner la tête

B. J'braque ton p'tit cœur

C. Tu danses comme une étoile filante

D. Tu as brisé tous mes rêves

Réponse : B

5. Dans quelle chanson Yanns parle-t-il d'une voiture?

A. « Ma lova »

B. « Hasta la vista »

C. « Rivoli »

D. « Bébé »

Réponse : C

6. Quelle est la chanson où il évoque un amour dans l'espace?

A. « Vaisseau spatial »

B. « Comme jamais »

C. « Fais-moi tourner la tête »

D. « Mon bijou »

Réponse : A

7. Dans le clip de « Bébé », quel est le thème principal?

A. Une soirée en discothèque

B. Un amour d'été

C. Une course en voiture

D. Une déclaration romantique

Réponse : D

8. Dans quelle chanson Yanns mentionne-t-il une « vie de rêve sous le soleil »?

A. « Ma lova »

B. « Folie »

C. « Tic Tac »

D. « Baila »

Réponse : B

9. Dans « Prisonnier », Yanns chante:

T'es comme prisonnier, de ses yeux, de son cœur, de son corps

A. Il parle de son corps

B. Il célèbre ses pieds, qu'il adore

C. Il évoque une relation amoureuse compliquée

D. Il raconte un chagrin

Réponse : A

10. Complète les paroles de la chanson « Tik Tok »:

Elle a fait bugger TikTok, elle est parfaite, elle est...

A. top top

B. tip-top

C. tic toc

D. toc toc

Réponse : B

11. Quel est le principal instrument mis en avant dans la chanson « Baila »?

A. Le piano

B. La guitare espagnole

C. Le violon

D. La batterie électronique

Réponse : B

12. Dans « Bleu blanc rouge (Merci les Bleus) », Yanns rend hommage à :

A. L'équipe de France de football

B. L'équipe de France de Paris 2024

C. Au drapeau de la France

D. À ses couleurs préférées

Réponse : A

13. Dans quelle chanson Yanns chante:
Elle m'a dit, quand est-ce qu'on s'enfuit?
J'veux faire l'tour du monde, visiter d'autres pays

A. « Bonnie & Clyde »

B. « Jamais contente »

C. « Mon soleil »

D. « Laisse-moi te dire »

Réponse : A

14. Dans quelle chanson Yanns évoque-t-il la difficulté de déclarer ses sentiments:
Je sais que c'est elle que t'aimes,
mais est-ce qu'elle est au courant ?

A. « Ma belle »

B. « Celle qu'il te faut »

C. « Doudou »

D. « En détresse »

Réponse : B

15. Le clip de « Clic clic pan pan » a un style visuel particulier. Quel est le principal élément esthétique utilisé dans la vidéo?

A. Des lumières néon flashy

B. Des paysages de bord de mer

C. Un décor urbain sombre

D. Des feux d'artifice

Réponse : A

16. Dans « Dernière chance », quel est le thème principal de la chanson ?

A. Les soirées festives à la plage

B. Une déclaration d'amour passionnée

C. Le rêve d'évasion sous le soleil

D. La nostalgie d'un amour perdu

Réponse : D

17. Quel détail fait la spécificité du style musical de Yanns dans la plupart de ses hits ?

A. Il mélange *reggaeton* et pop urbaine

B. Il utilise beaucoup de guitare acoustique

C. Il se base uniquement sur des rythmes électroniques

D. Il chante principalement en espagnol

Réponse : A

18. Dans quel album Yanns a-t-il édité la chanson « Mekissé » ?

A. *Partir loin*

B. *Bambino*

C. *1998 Bonus version*

D. *Sale gosse*

Réponse : C

19. Trouve l'intrus :

A. *Partir loin*

B. *Partir un jour*

C. *Cœur brisé*

D. *Bambino*

Réponse : B

20. **Combien de chansons Yanns a-t-il à son répertoire?**

A. Environ 50

B. 25

C. 80

D. 30

Réponse : A

Résultats

Tu obtiens entre 15 et 20 bonnes réponses

Tu es un(e) super fan de Yanns, ses chansons n'ont aucun secret pour toi !

Tu obtiens entre 10 et 15 bonnes réponses

Tu connais très bien son univers, un vrai connaisseur !

Tu obtiens entre 5 et 10 bonnes réponses

Il est temps d'écouter plus de Yanns pour passer au niveau expert !

QUIZ

Vrai ou faux ?

Si tu es un fan inconditionnel de Yanns, tu sauras démêler le vrai du faux. Prêt ?

1. Yanns a commencé sa carrière musicale grâce à des vidéos virales sur TikTok.

2. Le titre « Clic clic pan pan » a été inspiré par une conversation qu'il a eue avec un ami DJ.

3. Son premier album s'appelle *1998* en référence à son année de naissance.

4. Yanns a grandi à Paris et y a produit toutes ses chansons.

5. Le morceau « Bebecita » a été élu chanson de l'été sur TikTok en 2022.

6. Yanns a écrit une chanson en hommage à Johnny Hallyday.

7. La chanson « Folie » parle d'une histoire d'amour passionnée dans un décor tropical.

8. Yanns a remporté un prix aux NRJ Music Awards 2022 pour la catégorie « Révélation francophone de l'année ».

9. Dans l'album *Pays des merveilles*, Yanns chante uniquement sur des rythmes *reggaeton*.

10. Le clip de la chanson « Bébé » a dépassé les 50 millions de vues sur YouTube.

11. La chanson « Clic clic pan pan » a été composée en seulement une journée par Yanns.

12. Yanns a travaillé comme livreur avant de se lancer dans la musique à plein temps.

13. Le single « Bebecita » inclut des paroles en espagnol pour rendre hommage à ses origines hispaniques.

14. L'album *1998* est une autobiographie musicale qui relate les étapes importantes de sa vie.

15. Yanns a déjà collaboré avec des stars internationales comme Maluma et J Balvin.

16. Yanns a déclaré que la chanson « Allô, c'est qui ? » est basée sur une expérience personnelle où il n'a pas pu joindre une personne importante.

17. Le titre « Rosalia » a été enregistré lors d'un voyage à Miami, ce qui explique ses influences latines.

18. Yanns a fondé son propre label pour conserver son indépendance artistique.

19. La chanson « Ma lova » est dédiée à une proche de sa famille.

20. Yanns a écrit plus de 20 chansons en moins d'un mois pour l'album *Pays des merveilles*.

1. Vrai – Yanns a énormément gagné en visibilité grâce à TikTok, où il poste des vidéos et des extraits de ses chansons.

2. Faux – Le titre « Clic clic pan pan » s'est surtout popularisé grâce à son rythme entraînant et ses paroles adaptées aux danses virales.

3. Faux – Son premier album s'appelle *Bambino*, mais il a bien sorti un album intitulé *1998* plus tard, qui est une référence à sa naissance.

4. Faux – Yanns est originaire de Metz et il enregistre la plupart de ses chansons dans un studio local.

5. Faux – Même si « Bebecita » a rencontré du succès sur TikTok, elle n'a pas été élue chanson de l'été en 2022.

6. Vrai – Yanns a écrit une chanson intitulée « Johnny Hallyday » dans son premier album *Bambino*, en clin d'œil au célèbre chanteur français.

7. Vrai – La chanson « Folie » parle d'amour sous les tropiques.

8. Faux – Yanns a été nommé aux NRJ Music Awards 2022 dans cette catégorie, mais il n'a pas remporté le prix.

9. Faux – Bien que le *reggaeton* soit central dans son style, *Pays des merveilles* propose aussi des morceaux plus pop et émotionnels.

10. Faux – Le clip a fait 8 millions de vues.

11. Vrai – Yanns a révélé dans des interviews qu'il aime travailler rapidement et que certaines chansons, comme « Clic clic pan pan », sont créées en une journée grâce à son inspiration spontanée.

12. Faux – Avant de connaître le succès, Yanns a été coiffeur.

13. Faux – Bien que « Bebecita » ait un titre en espagnol et un rythme *reggaeton*, Yanns n'a pas d'origines hispaniques mais portugaises, et chante principalement en français.

14. Vrai – L'album *1998* est un clin d'œil à son année de naissance.

15. Faux – Jusqu'à maintenant, Yanns n'a pas collaboré avec des stars internationales comme Maluma ou J Balvin, bien qu'il soit très influencé par le *reggaeton*.

16. Faux – Bien que « Allô, c'est qui ? » soit une chanson émotionnelle, Yanns n'a pas confirmé que les paroles sont tirées d'une expérience personnelle spécifique, elles semblent plutôt universelles pour toucher un large public.

17. Faux – Le titre « Rosalia » a des influences latines mais a été enregistré en France, où Yanns travaille principalement.

18. Vrai – Yanns a effectivement fondé son propre label, Prodige Music, pour conserver une certaine indépendance dans sa carrière musicale.

19. Faux – « Ma lova » n'est pas directement dédiée à une proche, mais c'est plutôt une chanson d'amour généraliste qui joue sur l'imaginaire romantique.

20. Vrai – Yanns est très prolifique et a déclaré dans des interviews qu'il pouvait écrire et enregistrer plusieurs chansons en très peu de temps. Pour *Pays des merveilles*, il a travaillé à un rythme impressionnant.

Résultats

Tu obtiens entre 15 et 20 bonnes réponses

Tu es un(e) fan ultime, rien ne t'échappe sur Yanns !

Tu obtiens entre 10 et 15 bonnes réponses

Pas mal du tout, tu connais bien ses secrets !

Tu obtiens entre 5 et 10 bonnes réponses

Oups, il est temps d'écouter davantage ses albums !

QUIZ

Fan challenge **suprême**

Voyons si tes connaissances sur les chansons de Yanns sont au top niveau avec ce challenge expert. À toi de jouer !

1. Dans quelle chanson, Yanns chante-t-il avec T Garcia ?

Réponse : « Ma douce »

2. Trouve l'intrus.

Parmi cette liste de titres, lequel n'est pas une chanson de Yanns ?

« Bip bip »

« Emmène-moi »

« Mon soleil »

« Ma lova »

Réponse : « Emmène-moi »

3. Qui suis-je?

« Je suis une chanson où le refrain contient un bruit répétitif et où on parle d'une attitude confiante et festive. »

Réponse : « Clic clic pan pan »

4. Classement rapide

Classe ces chansons de la plus ancienne à la plus récente :

« Ma crush »

« Bebecita »

« La rue »

« Dernière chance »

Réponse : « La rue » (2019) ; « Ma crush » (2021) ; « Bebecita » (2022) ; « Dernière chance » (2023)

5. Qui suis-je?

« Je suis un morceau romantique où Yanns parle de son attachement à une personne spéciale. Mon titre est également un surnom affectueux souvent utilisé en espagnol. »

Réponse : « Bebecita »

6. Qui suis-je?

Je suis une chanson festive qui parle des vacances et des bons moments que l'on peut passer entre amis.

Réponse : « Soleil et nanas »

7. Qui suis-je?

Je suis le tout premier album de Yanns. Mon titre fait référence à un terme affectueux souvent utilisé pour parler d'un enfant.

Réponse : *Bambino*

8. Qui suis-je?

Je suis un single énergique et festif. Mon titre fait référence à un bruit sonore associé aux klaxons ou aux appareils électroniques.

Réponse : « Bip bip »

9. Trouve l'intrus.

Parmi cette liste de titres, lequel n'est pas une chanson de Yanns ?

« À contresens »

« Soleil et nanas »

« Bebecita »

« Ma lova »

Réponse : « À contresens » n'est pas une chanson de Yanns.

10. Trouve l'intrus.

Parmi cette liste de titres, lequel n'est pas une chanson de Yanns ?

« Clic clic pan pan »

« Bebecita »

« Rien n'arrête un homme »

« En détresse »

Réponse : « Rien n'arrête un homme » n'est pas une chanson de Yanns, contrairement aux autres.

QUIZ EXCLUSIF

L'album **Pays des merveilles**

Si tu as écouté mon album *Pays des merveilles* en boucle, pas de doutes, tu vas réussir ce quiz haut la main !

1. Combien de chansons Yanns a-t-il écrites pour l'album *Pays des merveilles*?

A. 7

B. 10

C. 12

D. 16

2. Quelle chanson de cet album parle de liberté et d'évasion?

A. « Clic clic pan pan »

B. « Pays des merveilles »

C. « Ma lova »

D. « Ma bonita »

3. Quel est le message principal de la chanson « Ma life »?

A. L'amour est la force la plus puissante

B. La réussite et les faux amis

C. La quête de l'identité

D. La fête et l'amitié

4. Dans quelle chanson Yanns parle-t-il d'une relation qui le fait souffrir, mais dont il est trop attaché pour quitter?

A. « Comme un fou »

B. « Soleil et nanas »

C. « Bebecita »

D. « Baila »

5. Le titre de l'album *Pays des merveilles* fait référence à:

A. Un lieu imaginaire où tout est possible

B. Les souvenirs d'enfance de Yanns

C. Une ville qu'il a visitée

D. Une métaphore sur les relations humaines

Réponses

1. B) 16

L'album *Pays des merveilles* comporte 16 titres écrits et produits par Yanns et 5 titres bonus sur la réédition.

2. B) « Pays des merveilles »

Cette chanson parle d'une quête de liberté et de rêves, en se détachant des contraintes du quotidien.

3. B) La réussite et les faux amis

Le message de « Ma life » est inspirant, il incite à rester vigilant face au succès, aux faux amis que la célébrité attire.

4. A) « Comme un fou »

Yanns explore les tourments d'une relation compliquée dans « Comme un fou », tout en restant attaché à la personne.

5. A) Un lieu imaginaire où tout est possible

Le titre fait référence à un univers où les rêves et les désirs peuvent devenir réalité.

TEST

Quel **fan** de **Yanns** es-tu?

Plutôt passionné, curieux ou réfléchi ? À toi de le définir.

1. Depuis combien de temps écoutes-tu la musique de Yanns?

A. Depuis ses débuts, je le suis depuis toujours.

B. Depuis quelques années, quand il a commencé à devenir populaire.

C. Depuis son dernier album.

D. Je viens tout juste de le découvrir.

2. Comment réagis-tu quand Yanns sort un nouveau single?

A. Je suis impatient et je l'écoute dès sa sortie.

B. Je l'écoute rapidement, mais sans pression.

C. J'attends que ça tourne en boucle sur les plateformes.

D. Je l'écoute seulement si quelqu'un me le recommande.

3. Quel type de chanson préfères-tu chez Yanns?

A. Ses chansons d'amour, je m'y reconnais toujours.

B. Ses morceaux rythmés et entraînants.

C. Ses chansons plus intimistes et réfléchies.

D. J'aime quand il varie les styles, j'apprécie ses expérimentations.

4. Es-tu un fan de ses clips vidéo?

A. Dès l'annonce d'un nouveau clip, je le regarde en détail.

B. J'aime beaucoup ses clips, ils sont toujours créatifs.

C. Je regarde de temps en temps, mais ce n'est pas ma priorité.

D. Je préfère écouter ses chansons sans me soucier des clips.

5. Quand tu penses à Yanns, quel adjectif te vient à l'esprit?

A. Passionné

B. Talentueux

C. Inspirant

D. Amusant

6. As-tu déjà assisté à un concert de Yanns?

A. Oui, plusieurs fois, c'est toujours un événement.

B. Une ou deux fois, c'est une expérience mémorable.

C. Pas encore, mais j'aimerais bien y aller.

D. Je préfère écouter ses albums à la maison.

7. Quelle est ta chanson préférée de Yanns?

A. « Clic clic pan pan »

B. « Je me marie »

C. « Bebecita »

D. J'aime trop de chansons pour en choisir une en particulier.

8. Quel est ton rapport aux réseaux sociaux concernant Yanns?

A. Je suis toujours à jour avec ses posts et ses stories.

B. Je le suis de temps en temps, mais je ne suis pas tout le temps à l'affût.

C. Je reçois les notifications principales.

D. Je ne le suis pas vraiment sur les réseaux sociaux.

9. Si tu rencontrais Yanns, comment réagirais-tu?

A. Je serais un peu nerveux.

B. Je resterais calme, mais je lui dirais que j'apprécie vraiment sa musique.

C. Je lui poserais des questions sur sa carrière et sa vie.

D. Je lui dirais simplement bonjour, sans trop en faire.

10. Quelle est ta réaction lorsqu'un autre artiste fait une collaboration avec Yanns?

A. J'adore voir ses collaborations, c'est toujours excitant de voir ses échanges créatifs.

B. Je suis curieux/se de voir ce que ça va donner, mais je suis plus concentré sur Yanns.

C. Je n'y prête pas trop attention, tant que la chanson me plaît.

D. Je préfère les chansons où Yanns est seul, ses collaborations ne m'intéressent pas trop.

11. Que penses-tu des paroles de Yanns?

A. Les paroles de ses chansons me vont droit au cœur.

B. Je les trouve sincères et souvent percutantes.

C. Parfois elles sont un peu difficiles à comprendre, mais j'apprécie leur originalité.

D. Je ne prête pas trop attention aux paroles, c'est la musique qui compte.

12. Quel genre de fan es-tu lors des concerts de Yanns?

A. Je suis un fan qui connaît toutes les paroles.

B. Je danse et profite de l'énergie de la foule.

C. Je préfère rester discret/e et observer l'artiste.

D. Je viens juste pour passer un bon moment sans trop m'investir.

13. Qu'est-ce qui te touche le plus chez Yanns?

A. Sa sincérité et la passion qu'il met dans chaque chanson.

B. Son évolution artistique.

C. Sa capacité à créer des morceaux qui parlent à tout le monde.

D. Sa personnalité accessible et son côté amusant.

14. Si Yanns sortait un album surprise, comment réagirais-tu?

A. Je serais absolument ravi/e et je l'écouterais immédiatement.

B. Je l'écouterais dès que j'en aurais l'occasion.

C. Je l'écouterais, mais je n'y accorderais pas une importance capitale.

D. Je l'écouterais s'il est recommandé par un ami.

15. Yanns te semble-t-il proche de ses fans?

A. Oui, il fait tout pour les inclure dans sa vie, et ça me touche.

B. Oui, il est vraiment attentif à ses fans, il essaie toujours de leur faire plaisir.

C. Un peu, mais il semble malgré tout timide.

D. Pas vraiment, je le perçois plus comme un artiste distant.

TOMMY
USA
JEANS

16. Que penses-tu des chansons d'amour de Yanns?

A. Elles me font rêver et je m'y reconnais totalement.

B. Je les trouve très belles, mais je n'y pense pas tout le temps.

C. Elles sont intéressantes, mais pas nécessairement ce que je préfère chez lui.

D. Je ne suis pas vraiment fan de ses chansons d'amour.

17. Est-ce que tu suis Yanns dans sa vie personnelle?

A. Oui, je suis curieux/se de connaître chaque aspect de sa vie.

B. Oui, j'aime savoir ce qu'il fait en dehors de la musique.

C. J'apprécie un peu de ce qu'il partage, mais je me concentre sur sa musique.

D. Non, je préfère le connaître à travers ses chansons.

18. Si tu devais organiser un concert pour Yanns, que ferais-tu?

A. Je mettrais tout en œuvre pour faire un concert spectaculaire, avec des surprises pour lui et pour les fans.

B. Je créerais une ambiance sympa, mais simple, centrée sur la musique.

C. Je choisirais un lieu intimiste pour qu'il puisse se connecter profondément avec son public.

D. Je le laisserais organiser le concert lui-même, je n'aurais pas d'idées précises.

19. Quel rôle joue Yanns dans ta vie?

A. Il est une source d'inspiration, il influence ma vision de la vie et de la musique.

B. Il occupe une place importante dans ma culture musicale.

C. Il m'accompagne dans des moments spécifiques, surtout pour me détendre.

D. Il est un artiste que j'apprécie mais qui ne prend pas une grande place dans mon quotidien.

20. Que ferais-tu si Yanns te demandait un conseil?

A. Je lui donnerais des conseils sur la manière de toucher encore plus ses fans et de s'améliorer.

B. Je lui dirais de suivre son cœur et de ne pas hésiter à expérimenter plus.

C. Je lui donnerais un conseil personnel, quelque chose de simple mais sincère.

D. Je lui dirais que son travail est déjà super, qu'il n'a pas besoin de conseils.

Résultats

Majorité A
Tu es un fan passionné et dévoué

Tu es un fan inconditionnel de Yanns, tu le suis dans tout ce qu'il fait, de sa musique à sa vie personnelle. Tu es très impliqué et tu ne manques aucune de ses sorties. Tu es un vrai fan hardcore !

Majorité B
Tu es un fan respectueux et curieux

Tu apprécies profondément Yanns et sa musique. Tu suis son évolution et tu adores le voir grandir, mais tu n'es pas constamment sur ses traces. Tu es un fan qui aime découvrir son œuvre à son rythme.

Majorité C
Tu es un fan réfléchi et émotionnel

Tu te laisses toucher par les émotions que Yanns transmet dans ses chansons. Tu préfères les moments plus intimes et tu apprécies vraiment les aspects personnels de sa musique.

Majorité D
Tu es un fan détendu et occasionnel

Tu apprécies Yanns et sa musique, mais tu ne t'y investis pas à fond. Pour toi, c'est une agréable distraction, sans plus. Tu es un fan plus décontracté qui aime l'art sans pression.

JEU

Paroles, paroles

Relie chaque extrait de paroles au titre correspondant.

A. Extrait « Cœur brisé », 2021

B. Extrait « Partir loin », *Partir loin*, 2022

C. Extrait « Ma crush », *Bambino*, 2021

D. Extrait « Mon chouchou », *Bambino*, 2021

E. Extrait « Bambina », *Bambino*, 2021

F. Extrait « Petite Italienne », *Partir loin*, 2022

G. Extrait « Ma belle », *Partir loin*, 2022

H. Extrait « Mains en l'air », *Partir loin*, 2022

I. Extrait « Clic clic pan pan », *Pays des merveilles*, 2021

J. Extrait « Manipuler », 2020

K. Extrait « Bip bip », *Partir loin*, 2022

L. Extrait « Clic clic pan pan », *Pays des merveilles*, 2021

Réponses : A8 ; B12 ; C3 ; D1 ; E7 ; F10 ; G4 ; H6 ; I9 ; J5 ; K11 ; L2

○ **1.** « Dis-moi que tu m'aimes que j'me suis démarqué des autres (ouais)
Dis-moi que tu m'aimes que tu m'feras pas d'faux coups dans l'dos (non) »

○ **2.** « Oublier le passé
T'étais mon chouchou
J'peux pas t'effacer »

○ **3.** « J'fais d'elle ma crush
Mais j'crois qu'elle voulait s'marier (ouais, marier)
Elle m'dit t'es louche
J'crois qu'sur moi elle s'fait des idées (ouais, des idées) »

○ **4.** « Ta voix, ton sourire me manquent
Pourquoi t'es partie, je me demande ?
Je trouvais qu'on allait bien ensemble
Donc je resterai là à t'attendre »

○ **5.** « J'adore quand elle s'énerve quand elle me fait ses crises de nerfs
C'est la meneuse de jeu et moi je suis son capitaine
Elle est dans ma tête y'a qu'elle qui peut me manipuler
On se connaît depuis tits-pe c'était déjà calculé »

○ **6.** « Laisse-toi aller, t'inquiète ça va bien se passer
Au lieu de faire la tête, viens avec nous t'ambiancer
Laisse- toi aller, t'inquiète ça va bien se passer
Viens avec nous faire la fête, on s'en fout qu'tu saches pas danser »

○ **7.** « T'es à moi j'suis à toi
Où tu veux on ira
Bambina Bambina »

○ **8.** « Hier tu la faisais pleurer, aujourd'hui sans toi elle sourit
Ça la fait rigoler quand elle voit qu'tu regardes ses stories
Ça sert à rien d'faire l'espion avec tes faux comptes Instagram
Elle sait qu'ça t'rend parano quand elle te répond pas, Madame »

○ **9.** « J'sais que le passé c'est le passé
Mais y a qu'à toi que je peux me confier
Tu sais, je deviens parano des fois
Quand j'reste seul, direct, je pense à toi »

○ **10.** « Ma petite Italienne
Elle parle avec les mains
Elle est sicilienne
Et nerveuse quand elle a du chagrin »

○ **11.** « Un, deux, trois, plus j'te vois plus j'm'accroche à toi
Toi plus moi ma beauté j'ai craqué ça s'voit »

○ **12.** « J'veux partir loin (loin), où on peut vivre nos rêves (nos rêves) »

CHAMPION

Mon avenir: entre **musique**, **projets** et **famille**

L'avenir s'ouvre à moi avec une multitude de projets passionnants.

Je souhaite continuer à faire évoluer ma musique, explorer de nouvelles sonorités et offrir à mes fans des expériences toujours plus authentiques. J'aspire également à m'investir davantage dans des initiatives personnelles et professionnelles, tout en restant fidèle à mes valeurs et à ce qui me définit. Trouver l'équilibre entre ma carrière, ma famille et mes passions est une priorité, avec pour objectif d'aller toujours plus loin sans jamais perdre de vue qui je suis.

Je nourris aussi des rêves dans le domaine du cinéma et de la télévision. Faire une apparition en tant qu'invité dans une comédie populaire comme *Les Tuche* serait un immense plaisir. Ou encore jouer le rôle d'un jeune garçon solitaire qui rêve de réussir dans la musique... Une belle histoire, inspirante et proche de mon propre parcours.

Et si les producteurs de *The Voice Kids* tombent sur ce message, je tiens à dire que j'aimerais énormément rejoindre le jury de leur émission. Très suivi par les jeunes de moins de 14 ans, je pense que mon parcours pourrait inspirer et motiver la nouvelle génération à croire en leurs rêves et à se lancer sans hésiter.

À l'aube d'une **nouvelle aventure**

Merci de faire partie de mon histoire.

Alors que vous refermez ces pages, j'espère que ce fanbook a été pour vous une plongée inspirante dans mon univers, mon parcours et mes rêves. Ce livre n'aurait jamais vu le jour sans votre soutien indéfectible, votre énergie et votre amour qui me portent chaque jour. Vous êtes plus qu'un public : vous êtes une famille, un moteur, une source infinie de motivation.

En partageant ces morceaux de vie, ces anecdotes et ces coulisses de ma musique, mon ambition était de vous montrer que tout est possible quand on ose rêver et travailler dur. Ce que je vis aujourd'hui, c'est grâce à vous, à cette connexion unique que nous avons créée ensemble. Et croyez-moi, ce n'est que le début.

Des projets plein la tête, des envies à n'en plus finir… L'avenir promet d'être encore plus riche, et je suis impatient de vous emmener dans cette aventure. Qu'il s'agisse de nouvelles musiques, de films, de scènes ou d'émissions, chaque étape sera un nouveau chapitre que nous écrirons ensemble.

Merci pour tout ce que vous êtes. Merci d'être là, fidèles, passionnés et toujours prêts à me suivre, peu importe où la route me mène. Vous faites partie de mon histoire, et j'espère continuer à faire partie de la vôtre.

À très vite, sur scène, dans vos playlists, ou – qui sait ? – sur un écran…, mais toujours avec le même état d'esprit : celui de tout donner, pour vous.

Avec toute mon affection,

Yanns

Remerciements

Je tiens à remercier sincèrement ma famille, qui chaque jour m'accompagne et m'aide à garder mon identité, à rester moi-même. Merci à toutes les personnes qui ont cru en moi et qui travaillent à mes côtés depuis le tout début de cette aventure. Merci à mes proches, pour leur soutien inébranlable, leur amour et leur présence qui me permettent de ne jamais perdre de vue qui je suis et surtout d'où je viens.

À mes fans, je vous suis infiniment reconnaissant. Grâce à vous, je puise la force de continuer, de grandir et d'avancer. Votre amour, votre fidélité me nourrissent et me poussent à donner toujours plus. Sans vous, je ne serais pas ici. Vous êtes mes piliers, ceux qui me portent au quotidien.

Du fond
du cœur,
merci d'être
à mes côtés,
dans ce beau
voyage musical.